“十二五”职业教育国家规划教材
经全国职业教育教材审定委员会审定

国家级精品专业配套教材

21世纪高职高专精品教材
财务会计类

JINRONG QIYE KUAIJI SHIXUN

金融企业会计实训

（第四版）

唐丽华　主　编
刘海燕　王祥和　副主编

东北财经大学出版社
Dongbei University of Finance & Economics Press
大连

图书在版编目（CIP）数据

金融企业会计实训 / 唐丽华主编 . —4 版 . —大连 ：东北财经大学出版社，2014. 8
（21 世纪高职高专精品教材 · 财务会计类）
ISBN 978-7-5654-1672-9

Ⅰ. 金… Ⅱ. 唐… Ⅲ. 金融企业-会计-高等职业教育-教材
Ⅳ. F830. 42

中国版本图书馆 CIP 数据核字（2014）第 188057 号

东北财经大学出版社出版
（大连市黑石礁尖山街 217 号 邮政编码 116025）
教学支持：（0411）84710309
营 销 部：（0411）84710711
总 编 室：（0411）84710523
网 址：http：//www. dufep. cn
读者信箱：dufep @ dufe. edu. cn
大连东泰彩印技术开发有限公司印刷 东北财经大学出版社发行

幅面尺寸：185mm×260mm 字数：268 千字 印张：12
2014 年 8 月第 4 版 2014 年 8 月第 4 次印刷

责任编辑：张旭凤 王 莹 责任校对：齐 心
封面设计：冀贵收 版式设计：钟福建

ISBN 978-7-5654-1672-9
定价：20. 00 元

第四版前言

《金融企业会计实训》是教育部“十二五”职业教育国家规划教材《金融企业会计》的配套用书，是根据金融会计课程的特点以及学生学习的需要而编写的，旨在加强对学生动手能力的培养。本书与《金融企业会计》同时使用，能够取得较理想的教学效果。

本书内容分为四个部分：第一部分为操作基础知识；第二部分为分项业务操作，具体包括银行日间业务，如建账、支票、银行本票、委托收款、汇兑、银行汇票、商业承兑汇票、银行承兑汇票、贷款业务等和银行日终业务；第三部分为综合业务操作；第四部分为金融公司业务。本书是一套完整的仿真训练，不仅可提高学生的动手能力和操作能力，更重要的是，可提高学生分析实际问题和解决实际问题的能力，使其能更好地适应工作和社会的需要。

本书可作为应用型本科高等院校、高职高专及成人院校经济管理类专业的实训教材，也可作为相关从业人员训练用书。

具体来说，本书的特点如下：

1. 与《金融企业会计》教材紧密相扣，可起到同步学习、即时巩固所学知识的作用。

2. 内容涵盖了金融企业的基本业务，有利于学生提高职业技能。

3. 教材各部分统一以特定企业的经济业务展开，学生逐项完成实训作业，按文字题所列示的题号进行记账凭证编号，按经济业务发生的先后顺序排列、整理后，可对该金融企业一个月的经济业务形成完整的认识。

4. 同时使用文字与原始凭证反映经济业务，便于学生对照，使学生能较深刻地理解经济业务的性质与内容。

5. 通过逐步分项练习建账和登账、编制会计报表等一系列实训操作任务后，可对金融企业的会计实务有一个比较清晰的直观认识。

本次修订版教材由唐丽华（哈尔滨金融学院）担任主编，由刘海燕（哈尔滨金融学院）、王祥和（大庆建筑安装集团总会计师）担任副主编，王静（哈尔滨广厦学院）、唐岳棣（河北建材职业技术学院）参编。

由于时间仓促，水平有限，书中难免有错漏及不足之处，敬请读者批评指正。

作　者

2014 年 7 月

目　　录

第一部分　操作基础知识

会计处理过程是一个连续不断、往复循环的过程。这个过程的各个环节相互联系、有机结合，从而形成了一个完整的会计处理方法体系。会计记账（即登记账簿）必须以真实的凭证为依据（即填制和审核凭证），会计通过会计报表提供会计信息，而会计报表的编制依据是账簿记录。这样就形成了会计核算的基本模式："凭证-账簿-报表"，中间的各项工作周而复始、连续不断。在"凭证-账簿-报表"的会计循环过程中，填制和审核会计凭证是会计核算的初始工作和基本环节。

一、银行的会计凭证

银行会计凭证是办理各项资金收付业务的基本依据，是银行进行资金清算和组织账务核算使用的传票，由于商业银行业务的特殊性，因而大量使用原始凭证作为其记账凭证，且大多采用单式凭证。

（一）银行使用的会计凭证的主要分类

银行会计凭证按其格式和使用范围的不同，分为基本凭证和特定凭证两类 。

1. 基本凭证

基本凭证是银行会计人员根据原始凭证及业务事项，自行填制并凭以记账的凭证。按其性质和用途的不同，可分为现金收付凭证、转账凭证、特种转账凭证和表外科目收付凭证四类。在这四类凭证中，除现金收付凭证采用复式记账凭证形式外，其他三类凭证均采用单式记账凭证形式。

（1）现金收付凭证

现金收付凭证指用于反映银行现金收入和付出事项的记账凭证。这类凭证有现金收入传票和现金付出传票两种，其格式分别见表 1-1 和表 1-2。

表 1-1　　**中国××银行现金收入传票**　　总字第　　号
（贷）　　年　月　日　　字第　　号

户名或账号	摘要	金额									
		千	百	十	万	千	百	十	元	角	分

附单据　　张

会计　　出纳　　复核　　记账

表 1-2

中国××银行现金付出传票

（借）　　　　年　　月　　日

总字第　　号
字第　　号

户名或账号	摘要	金额									
		千	百	十	万	千	百	十	元	角	分

附单据　　张

会计　　　　出纳　　　　复核　　　　记账

（2）转账凭证

转账凭证指用于反映银行转账事项，仅供银行内部使用，不对外传递的记账凭证。这类凭证有转账借方传票和转账贷方传票两种，其格式分别见表 1-3 和表 1-4。

表 1-3

中国××银行转账借方传票

年　　月　　日

传票编号

科目	（借）	对方科目	（贷）

户名或账号	摘要	金额									
		千	百	十	万	千	百	十	元	角	分

附件　　张

会计　　　　出纳　　　　复核　　　　记账

表 1-4

中国××银行转账贷方传票

年　　月　　日

传票编号

科目	（贷）	对方科目	（借）

户名或账号	摘要	金额									
		千	百	十	万	千	百	十	元	角	分

附件　　张

会计　　　　出纳　　　　复核　　　　记账

（3）特种转账凭证

这类凭证供银行内部使用，不对外销售但可对外传递，适用于未设专用凭证但又涉及外单位的一切转账业务。这类凭证有特种转账借方传票和特种转账贷方传票两种，其格式分别见表 1-5 和表 1-6。

表 1-5　**中国××银行特种转账借方传票**

年　　月　　日

总字第　　号
字第　　号

收款单位	全　称				付款单位	全　称			
	账号或地址					账号或地址			
	开户银行		行号			开户银行		行号	
金额	人民币（大写）							千百十万千百十元角分	
原凭证金额		赔偿金		科目（借）________					
原凭证名称		号　码		对方科目（贷）________					
转账原因	银行盖章			会计　复核　记账					

附件　张

表 1-6　**中国××银行特种转账贷方传票**

年　　月　　日

总字第　　号
字第　　号

收款单位	全　称				付款单位	全　称			
	账号或地址					账号或地址			
	开户银行		行号			开户银行		行号	
金额	人民币（大写）							千百十万千百十元角分	
原凭证金额		赔偿金		科目（贷）________					
原凭证名称		号　码		对方科目（借）________					
转账原因	银行盖章			会计　复核　记账					

附件　张

（4）表外科目收付凭证

表外科目收付凭证指用于反映银行各项备查事项的记账凭证。这类凭证有表外科目收入传票和表外科目付出传票两种，其格式分别见表1–7和表1–8。

表1–7　　中国××银行表外科目收入传票　　总字第　　号

表外科目（收入）　　年　月　日　　字第　　号

户名	摘要	金额										
		千	百	十	万	千	百	十	元	角	分	附件
												张
合　计												

会计　　出纳　　复核　　记账

表1–8　　中国××银行表外科目付出传票　　总字第　　号

表外科目（付出）　　年　月　日　　字第　　号

户名	摘要	金额										
		千	百	十	万	千	百	十	元	角	分	附件
												张
合　计												

会计　　出纳　　复核　　记账

2. 特定凭证

特定凭证是指根据各项具体业务的特点和用途而制定的专用凭证。这类凭证一般是由银行统一印制，客户购入和填写，并提交银行凭以办理业务，银行则用以代替传票并凭以入账。如现金支票、转账支票、现金缴款单、进账单、联行报单、利息收付清单等。

（二）会计凭证的填制要求

会计凭证是会计核算的起点和基础。不论是哪一种会计凭证，都必须按规定的要求填写，凭证的填写要求做到要素齐全，内容真实，数字准确，字迹清楚，书写规范，手续完备，不得任意涂改。具体要求有以下几方面：

1. 文字书写

会计记录应以书写“行书”为宜，这种手写体既能保证易读易认，又能书写简便、省时省力。财会人员应该掌握汉字的字体结构和书写的笔画顺序，在书写时应保证字迹清晰、容易辨认，不写错字、别字，不写繁体字和不规范的简化字。

2. 数字书写

在会计核算工作中，几乎每个环节都会有数字的书写问题。会计工作对数字的书写要求是不仅要字迹清晰、工整、容易辨认，而且要符合会计工作的专业要求。

（1）阿拉伯数字应当一个一个地写，不得连笔写。阿拉伯金额数字前面应当书写货币币种符号或者货币名称简写符号。币种符号与阿拉伯金额数字之间不得留有空白。凡阿拉伯数字前写有币种符号的，数字后面不再写货币单位。

（2）所有以元为单位的阿拉伯数字，除表示单价等情况外，一律填写到角分；无角分的，角位和分位可写“00”，或者“—”；有角无分的，分位应当写“0”，不得用符号“—”代替。

（3）汉字大写数字金额如零、壹、贰、叁、肆、伍、陆、柒、捌、玖、拾、佰、仟、万、亿等，一律用正楷或者行书体书写，不得用〇、一、二、三、四、五、六、七、八、九、十等简化字代替，不得任意自造简化字。大写金额数字到元或者角为止的，在“元”或者“角”字之后应当写“整”字或者“正”字，大写金额数字有分的，“分”字后面不写“整”字或者“正”字。

（4）大写金额数字前未印有货币名称的，应当加填货币名称，货币名称与金额数字之间不得留有空白。

3. 其他

（1）单联式现金支票应用墨汁或碳素墨水写，单联式凭证应用墨水笔书写；多联式套写凭证可用圆珠笔、双面复写纸套写，不准分张单写。

（2）现金的收、付业务，不编制现金科目凭证，即发生一笔现金业务，只编制一张相应科目的现金收入和现金付出凭证。

（3）票据的金额，汇票、本票、支票的日期、收款人名称不得更改，更改的票据无效。其他内容填错，可按规定更正，不必重填。非票据会计凭证填错，应按会计制度规定办理更正或重填凭证。

（三）会计凭证的审查要求

凭证的审查是指对凭证的正确性、合法性、真实性和完整性进行确认，这是反映和监督经济业务的重要环节。审查的具体内容主要有：

（1）是否属于本单位受理的凭证。

（2）使用的凭证种类是否正确，凭证的基本内容、联数与附件是否完整齐全，是否超过有效期限。

（3）账号与户名是否相符。

（4）大小写金额是否一致，字迹有无涂改。

（5）密押、印鉴是否真实齐全。

（6）款项来源、用途是否填写清楚，是否符合有关规定的要求。

（7）内部科目的账户名称使用是否正确。

（8）计息、收费、赔偿金等的计算方法与数额是否正确。

经过审核，对于符合要求的凭证，予以账务处理或进行传递；对于不符合要求的凭证，应拒绝受理，如属内容不全或填写有差错的凭证，应向客户解释清楚，要求客户重填；如属伪造凭证等违法乱纪行为，要认真追究，配合有关部门严肃处理。

二、银行的账务组织

账务组织主要由各种账簿组成，但为确保核算的严密性，还设置了有关表、单，作为账务组织的组成部分。银行的账务组织从核算体系上划分，包括明细核算和综合核算两个系统。

明细核算是对每一个会计科目分户的详细记录，由分户账、登记簿、余额表和现金收付日记簿组成。综合核算是按会计科目进行的总括记录，由科目日结单、总账和日计表组成。

（一）明细核算

1. 分户账

分户账是明细核算的主要账簿，是按户连续记载的明细记录。为了适应不同业务核算的需要，分户账一般设有四种账式。

（1）甲种账（见表1–9），又称“分户式账页”，设有借方发生额栏、贷方发生额栏和余额栏三栏，适用于不计息存款、内部往来资金及损益类科目的明细账。

表1–9　**中国××银行（　　）**

______账

本账总页数
本户页数

户名：　　账号：　　领用凭证记录：

年		摘要	凭证号码	对方科目代号	借方	贷方	借或贷	余额	复核盖章
月	日				（位数）	（位数）		（位数）	

会计　　记账

（2）乙种账（见表1–10），又称“计息式账页”，设有借方发生额栏、贷方发生额栏、余额栏、日数栏、积数栏五栏，适用于在账页上直接计算利息积数的账户。

表1–10　**中国××银行（　　）**

______账

本账总页数
本户页数

户名：　　账号：　　领用凭证记录：　　利率：

年		摘要	凭证号码	对方科目代号	借方	贷方	借或贷	余额	日数	积数	复核盖章
月	日				（位数）	（位数）		（位数）		（位数）	

会计　　记账

（3）丙种账（见表 1-11），设有借方、贷方发生额和借方、贷方余额四栏，用以记录需要在借、贷双方反映余额的账户。

表 1-11

中国××银行（　　）

＿＿＿＿账

本账总页数
本户页数

户名：　　　　账号：　　　　领用凭证记录：　　　　利率：

年		摘要	凭证号码	对方科目代号	发生额		余额		复核盖章
月	日				借方（位数）	贷方（位数）	借方（位数）	贷方（位数）	

会计　　　　记账

（4）丁种账（见表 1-12），又称“销账式账页”，设有借方发生额栏、贷方发生额栏、余额栏和销账栏四栏，适用于记录逐笔销账的一次性业务，它兼有分户核算的作用，同时这种反映方法可以在同一行看出资金的全貌，便于核对账务。

表 1-12

中国××银行（　　）

＿＿＿＿账

本账总页数
本户页数

年		账号	户名	摘要	凭证号码	对方科目代号	借方	销账			贷方	借或贷	余额	复核盖章
月	日						（位数）	年	月	日	（位数）		（位数）	

会计　　　　记账

2. 登记簿

登记簿是明细核算的辅助性账簿，是适应表内、表外科目某些业务需要而设立的账簿，主要运用于那些在分户账上未能记录或不必要分户记录的重要事项的登记。如对客户交来的托收单据的记录等。其格式可参照分户账，根据需要自行设计，通常有特定格式和一般格式两种。特定格式的登记簿是为了满足某些业务的需要而设置的；一般格式的登记簿（见表 1-13）通常都设有收入、付出和余额三栏，用来反映数量及金额情况。

表 1-13

中国××银行（　　）

登记簿（卡）

本账总页数
本户页数

户名：　　　　　　　　　　　单位：

年		摘要	收入		付出		余额		复核盖章
月	日		数量	金额（位数）	数量	金额（位数）	数量	金额（位数）	

会计　　　　　　　　　　记账

3. 余额表

余额表是指用于登记余额的表格，是核对总账与分户账余额和计算利息的重要工具。余额表分为计息余额表和一般余额表。

（1）计息余额表（见表 1-14），适用于计息科目。根据同一科目分户账的每日最后余额逐户填列。

表 1-14

计息余额表

科目名称：　　　　　　　　　　年　月　　　　　　　　　　共　页

科目代号：　　　　　　　　　　　　　　　　　　　　　　　第　页

账号 / 户名 / 余额 / 日期					复核盖章
	（位数）	（位数）	（位数）	（位数）	
上月底止累计应计息积数					
日期 1 ⋮ 10 天小计 11 ⋮ 20 天小计 21 ⋮ 30 31					
本月合计（本月计息积数）					
应加积数					
应减积数					
本期累计应计息积数					
结息时计算利息数					
备注					

会计　　　　　　　复核　　　　　　　记账

（2）一般余额表（见表 1－15），适用于不计息的科目，按各分户账当日最后余额填制。

表 1－15

一般余额表

年　月　日　　　　共　页　第　页

科目代号	户名	摘要	余额 （位数）	科目代号	户名	摘要	余额 （位数）

会计　　　　复核　　　　制表

4. 现金收入、付出日记簿

现金收入日记簿（见表 1－16）和现金付出日记簿（格式与现金收入日记簿相同）是记载和控制现金收入、现金付出笔数和金额的序时账簿，是现金收入和现金付出的明细记录。现金收入、付出日记簿应由出纳根据已办理业务并编列顺序号的现金收入传票和现金付出传票逐笔记载，结出当日库存数，并与实际现金库存数核对相等。

表 1－16

现金收入日记簿

柜组名称：　　　　年　月　日　　　　共　页　第　页

凭证号数	科目代号	户名或账号	计划项目代号	金额 （位数）	凭证号数	科目代号	户名或账号	计划项目代号	金额 （位数）

复核　　　　出纳

（二）综合核算

1. 科目日结单

科目日结单，是每一会计科目当日借、贷方发生额和传票张数的汇总记录，是轧平当日账务的重要工具，也是登记总账的依据。其格式见表 1－17。

表 1－17

中国××银行（　　）

科目日结单

年　月　日

凭证种类	借方		贷方		
	传票张数	金额 （位数）	传票张数	金额 （位数）	附件
现金					
					张
转账					
合　计					

事后监督　　　　复核　　　　记账　　　　制单

2. 总账

总账是综合核算和明细核算相互核对及统驭分户账的主要工具，是定期编制各种会计报表的依据。

总账按科目设置，设有借方、贷方发生额和借方、贷方余额四栏。其格式见表1-18。

表1-18

中国××银行（　　）

总　账

科目代号：________________

科目名称：________________　　　　　　　　　　　　　　第　　号

<table>
<tr><td rowspan="2">年　月</td><td colspan="2">借　方</td><td colspan="3">贷　方</td></tr>
<tr><td colspan="2">（位数）</td><td colspan="3">（位数）</td></tr>
<tr><td>上年底余额</td><td colspan="2"></td><td colspan="3"></td></tr>
<tr><td>本年累计发生额</td><td colspan="2"></td><td colspan="3"></td></tr>
<tr><td>上月底余额</td><td colspan="2"></td><td colspan="3"></td></tr>
<tr><td>上月底累计未计息积数</td><td colspan="2"></td><td colspan="3"></td></tr>
<tr><td rowspan="3">日　期</td><td colspan="2">发生额</td><td colspan="2">余　额</td><td>核对盖章</td></tr>
<tr><td>借方</td><td>贷方</td><td>借方</td><td>贷方</td><td rowspan="2">复核员</td></tr>
<tr><td>（位数）</td><td>（位数）</td><td>（位数）</td><td>（位数）</td></tr>
<tr><td>1
⋮
10天小计
11
⋮
20天小计
21
⋮
30
31</td><td></td><td></td><td></td><td></td><td></td></tr>
<tr><td>月计</td><td></td><td></td><td></td><td></td><td></td></tr>
<tr><td>自年初累计</td><td></td><td></td><td></td><td></td><td></td></tr>
<tr><td>本期累计计息积数</td><td></td><td></td><td></td><td></td><td></td></tr>
<tr><td>本月累计未计息积数</td><td></td><td></td><td></td><td></td><td></td></tr>
</table>

会计　　　　　　　　复核　　　　　　　　记账

3. 日计表

日计表（见表1-19），是反映当日业务活动的会计报表，也是轧平当天全部业务的主要工具。它根据当天各总账账户的发生额和余额填制。

表 1-19

日计表

年 月 日　　　　共 页 第 页

科目代号	科目名称	发生额		余额		科目代号
		借方	贷方	借方	贷方	
		（位数）	（位数）	（位数）	（位数）	
合　计						

行长（主任）　　　　会计　　　　复核　　　　制表

（三）银行的账务处理程序

银行的账务处理程序包括受理或编制凭证，审核后确定会计分录，记载账务，核对账务，营业终了轧平账务，编制日计表。

三、银行会计报表

银行的会计报表是银行各项业务活动和财务收支状况的综合反映，是会计核算工作的数字总结，是据以反映资产、负债、所有者权益和损益状况，考核收支计划，分析业务活动和经营成果的重要依据。

银行会计报表包括资产负债表、利润表和现金流量表。

资产负债表是反映银行在某一特定日期财务状况的报表，它是企业财务会计报告的核心报表之一。资产负债表“年初数”栏各项数字应根据上年年末资产负债表“期末数”栏内所列数字填列。资产负债表“期末数”栏内各项数字，是根据上报期总账各科目上期末和本期末的余额进行整理、登记的。

利润表是反映银行在一定会计期间（月份、季度、年度）内经营成果的报表。利润表中的“本期数”栏反映各项目的本月实际发生数，利润表的“本年累计数”栏反映各项目自年初起至本期末止的累计实际发生数，根据上报期各损益类科目分户账的余额填报。

现金流量表，又叫现金流动表，是反映银行一定会计期间（月份、季度、年度）现金和现金等价物流入和流出的报表，依据资产负债表、利润表和有关账簿资料提供的信息，采用多步式计算出最终现金流量。

第二部分 分项业务操作

一、银行日间业务

实验一 建 账

[实验目的和要求]

1. 实验目的

练习总账、分户账建账和登账。

2. 实验要求

（1）根据所给资料建立各总账；

（2）根据所给资料建立各分户账。

[实验内容]

1. 会计主体：中国惠通银行北京顺至支行（行号：0516）。

2. 2013 年 8 月 1 日各总账余额见表 S1-1。

表 S1-1 **各总账余额** 单位：元

科目名称	借方余额	贷方余额
库存现金	200 000	
短期贷款	3 000 000	
抵押贷款	2 100 000	
逾期贷款	2 000 000	
活期存款		5 200 000
定期存款		150 000
活期储蓄存款		20 000
定期储蓄存款		30 000
应解汇款		1 000 000
汇出汇款		400 000
本票		
应付利息		300 000

续表

科目名称	借方余额	贷方余额
应交税费		200 000
联行来账		
联行往账		
同城票据清算		
利息支出		
利息收入		
合计	7 300 000	7 300 000

3. 2013 年 8 月 1 日各分户账余额（各账号在实验中涉及的凭证上填列清楚）见表S1-2。

表 S1-2 **各分户账余额** 单位：元

户名	余额	户名	余额
活期存款——滨江亚麻厂（账号：05160104000001）	3 000 000	定期储蓄存款——钱程（账号：05160111000128）	10 000
活期存款——滨江机械厂（账号：05160104000008）	2 200 000	定期储蓄存款——赵红（账号：05160111000178）	20 000
定期存款——滨江亚麻厂	50 000	短期贷款——滨江亚麻厂	3 000 000
定期存款——滨江机械厂	100 000	联行来账——中国惠通银行杭州金华支行（行号 0420）	
活期储蓄存款——赵红（账号：05160110000078）	10 000	联行往账——中国惠通银行杭州金华支行（行号 0420）	
活期储蓄存款——钱程（账号：05160110000068）	10 000	同城票据清算——中国工商银行北京滨江支行（行号 0326）	

[实验材料]

1. 总账（各科目总账页见实验第二部分商业银行日终业务）。
2. 分户账见表 S1-3 至表 S1-18。

表 S1-3 **中国××银行（ ）**

应解汇款 分户账

户名：应解汇款 科目代号： 单位：元

年		摘要	凭证号码	对方科目代号	借方	贷方	借或贷	余额	复核盖章
月	日				（位数）	（位数）		（位数）	

会计 记账

表 S1-4

中国××银行（　　）

汇出汇款　分户账

户名：汇出汇款　　　　科目代号：　　　　单位：元

年		摘要	凭证号码	对方科目代号	借方	贷方	借或贷	余额	复核盖章
月	日				（位数）	（位数）		（位数）	

会计　　　　记账

表 S1-5

中国××银行（　　）

本票　分户账

户名：本票　　　　科目代号：　　　　单位：元

年		摘要	凭证号码	对方科目代号	借方	贷方	借或贷	余额	复核盖章
月	日				（位数）	（位数）		（位数）	

会计　　　　记账

表 S1-6

中国××银行（　　）

应付利息　分户账

户名：应付利息　　　　科目代号：　　　　单位：元

年		摘要	凭证号码	对方科目代号	借方	贷方	借或贷	余额	复核盖章
月	日				（位数）	（位数）		（位数）	

会计　　　　记账

表 S1-7

中国××银行（　　）

利息支出　分户账

户名：利息支出　　　　科目代号：　　　　单位：元

年		摘要	凭证号码	对方科目代号	借方	贷方	借或贷	余额	复核盖章
月	日				（位数）	（位数）		（位数）	

会计　　　　记账

表 S1-8

中国××银行（　　）

利息收入　分户账

户名：利息收入　　科目代号：　　单位：元

年		摘要	凭证号码	对方科目代号	借方	贷方	借或贷	余额	复核盖章
月	日				（位数）	（位数）		（位数）	

会计　　记账

表 S1-9

中国××银行（　　）

活期存款　分户账

户名：滨江亚麻厂　　账号：05160104000001　　单位：元　　利率：0.35%

年		摘要	凭证号码	对方科目代号	借方	贷方	借或贷	余额	日数	积数	复核盖章
月	日				（位数）	（位数）		（位数）		（位数）	

会计　　记账

表 S1-10

中国××银行（　　）

活期存款　分户账

户名：滨江机械厂　　账号：05160104000008　　单位：元　　利率：0.35%

年		摘要	凭证号码	对方科目代号	借方	贷方	借或贷	余额	日数	积数	复核盖章
月	日				（位数）	（位数）		（位数）		（位数）	

会计　　记账

表 S1-11

中国××银行（　　）

活期储蓄存款　分户账

户名：钱程　　账号：05160110000068　　单位：元　　利率：0.35%

年		摘要	凭证号码	对方科目代号	借方	贷方	借或贷	余额	日数	积数	复核盖章
月	日				（位数）	（位数）		（位数）		（位数）	

会计　　记账

表 S1-12

中国××银行（　　）

活期储蓄存款　分户账

户名：赵红　　账号：05160110000078　　单位：元　　利率：0.35%

年		摘要	凭证号码	对方科目代号	借方	贷方	借或贷	余额	日数	积数	复核盖章
月	日				（位数）	（位数）		（位数）		（位数）	

会计　　记账

表 S1-13

中国××银行（　　）

联行往账　分户账

户名：中国惠通银行杭州金华支行　　账号：　　单位：元

年		摘要	凭证号码	对方科目代号	发生额		余额		复核盖章
					借方	贷方	借方	贷方	
月	日				（位数）	（位数）	（位数）	（位数）	

会计　　记账

表 S1-14

中国××银行（　　）

联行来账　分户账

户名：中国惠通银行杭州金华支行　　账号：　　单位：元

年		摘要	凭证号码	对方科目代号	发生额		余额		复核盖章
					借方	贷方	借方	贷方	
月	日				（位数）	（位数）	（位数）	（位数）	

会计　　记账

表 S1-15

中国××银行（　　）

同城票据清算　分户账

户名：中国工商银行北京滨江支行　　账号：　　单位：元

年		摘要	凭证号码	对方科目代号	发生额		余额		复核盖章
					借方	贷方	借方	贷方	
月	日				（位数）	（位数）	（位数）	（位数）	

会计　　记账

表 S1-16

中国××银行（　　）

短期贷款　分户账

单位：元

年		账号	户名	摘要	凭证号码	对方科目代号	借方	销账			贷方	借或贷	余额	复核盖章
月	日						（位数）	年	月	日	（位数）		（位数）	
		略	滨江亚麻厂											

会计　　　　　　　　记账

表 S1-17

中国××银行（　　）

抵押贷款　分户账

户名：　　　　　　　　科目代号：　　　　　　　　单位：元

年		账号	户名	摘要	凭证号码	对方科目代号	借方	销账			贷方	借或贷	余额	复核盖章
月	日						（位数）	年	月	日	（位数）		（位数）	

会计　　　　　　　　记账

表 S1-18

中国××银行（　　）

逾期贷款　分户账

户名：　　　　　　　　科目代号：　　　　　　　　单位：元

年		账号	户名	摘要	凭证号码	对方科目代号	借方	销账			贷方	借或贷	余额	复核盖章
月	日						（位数）	年	月	日	（位数）		（位数）	

会计　　　　　　　　记账

[注意事项]

1. 选择正确的账簿。
2. 保证数据转抄的正确性。
3. 运用正确的账簿登记方法。

实验二　存款业务

[实验目的和要求]

1. 实验目的

通过熟悉商业银行存取款业务的处理要求和方法，熟练掌握其会计传票使用的特点，审核、填制有关的凭证，登记账簿，进行会计核算；掌握各类存款业务的利息计算方法。

2. 实验要求

（1）根据资料填制各类业务凭证；

（2）对存款业务进行处理，编写会计分录；

（3）根据传票登记相应账簿，如现金收入日记簿、现金付出日记簿、分户账和明细账。

[关键知识点]

1. 存款的有关规定

（1）存款的概念

存款业务是银行以信用方式吸收社会闲置资金的筹资活动。存款是银行负债的重要组成部分，是银行生存和发展的基础，同时也是银行信贷资金的重要来源，是发放贷款、扩大信贷规模的物质基础，对促进市场经济发展、调整经济结构、稳定金融、缓和市场供求矛盾、支援国家建设具有重要的意义。

（2）存款的种类（见表 S2-1）

表 S2-1　**存款的种类**

分类标准	类别
按照存款的对象	单位存款 储蓄存款
按照存款的稳定性	活期存款 定期存款
按照存款的币种	人民币存款 外币存款

2. 审核编制会计凭证的要求

由于银行存款业务的工作量非常大，为了节省时间和人力、物力，大量使用业务发生时取得的原始凭证替代记账凭证作为记账依据，如现金存款单、支票、储蓄存取款凭条、定期存单。所以，在存款业务的实务操作中，对凭证的审核就显得尤为重要。

所有会计凭证都必须按照有关规定进行审核，只有符合正确性、完整性、真实性和合法性要求的凭证才能作为业务处理和账务记录的依据。例如，银行会计部门收到现金支票后，要审核支票内容的填写是否规范与齐全；是否在付款期内；签发单位的户名和账号是否相符；大小写金额是否一致；款项的用途是否符合现金管理规定；印鉴是否相符；支票金额是否超过其存款余额等。经审核无误后方可代替现金付出传票据以借记“活期存款”账户，贷记“库存现金”账户等。出纳部门收到开户单位送交的现金存款单时，要审核其内容的填写是否规范与齐全，所填金额是否与缴存的现金相符，现金面值金额与张数是否相一致等。经审核与清点现金无误后，方可代替现金收入传票据以借记“库存现金”账户，贷记“活期存款”账户等。

3. 活期存款业务的实务操作

单位活期存款业务的核算，包括存入和支取两个方面，存入和支取又分为现金存取和转账结算两种方式，本实验只介绍现金存取的操作。转账结算的实务操作将在实验三中作介绍。

（1）存入现金的核算

存款单位向开户银行存入现金时，应填制一式两联现金存款单，连同现金一并送交开户银行。

存入现金的实务操作流程见图 S2-1。

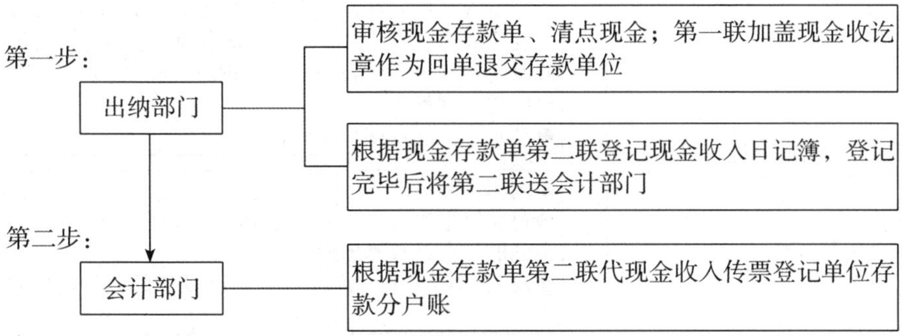

图 S2-1　存入现金的实务操作流程图（第一、二步）

接下来，第三步：作会计分录。

借：库存现金

　贷：活期存款——××单位存款户

（2）支取现金的核算

存款单位向开户银行支取现金时，应签发现金支票，填明收款人、用途和金额，加盖预留银行印鉴，由取款人背书并填列证件名称及号码后送交开户银行。

支取现金的实务操作流程见图 S2-2。

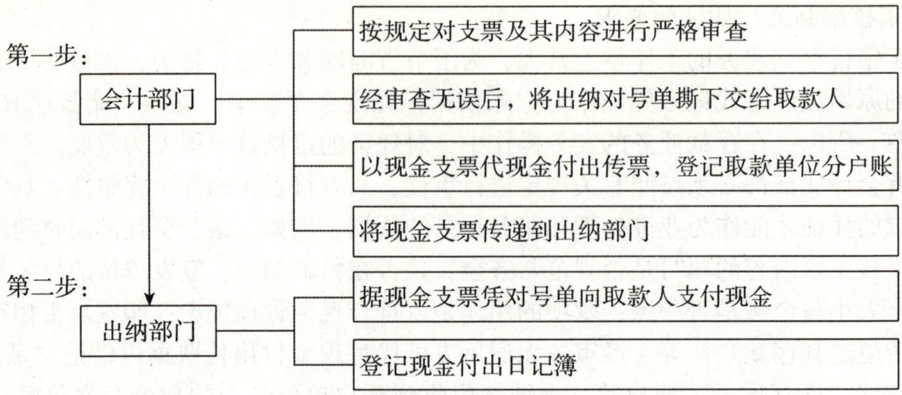

图 S2-2 支取现金的实务操作流程图（第一、二步）

接下来，第三步：作会计分录。

借：活期存款——××单位存款户

　贷：库存现金

（3）利息的结计

按季结息，每季末月的 20 日为结息日，次日付息。计息期为上季末月 21 日起至本季末月 20 日止，即结息时应把结息日当天计算在内，下季度的利息从结息日的次日开始算起。计息形式有两种，即计息余额表计息和明细账页计息。

利息结计的实务操作流程见图 S2-3。

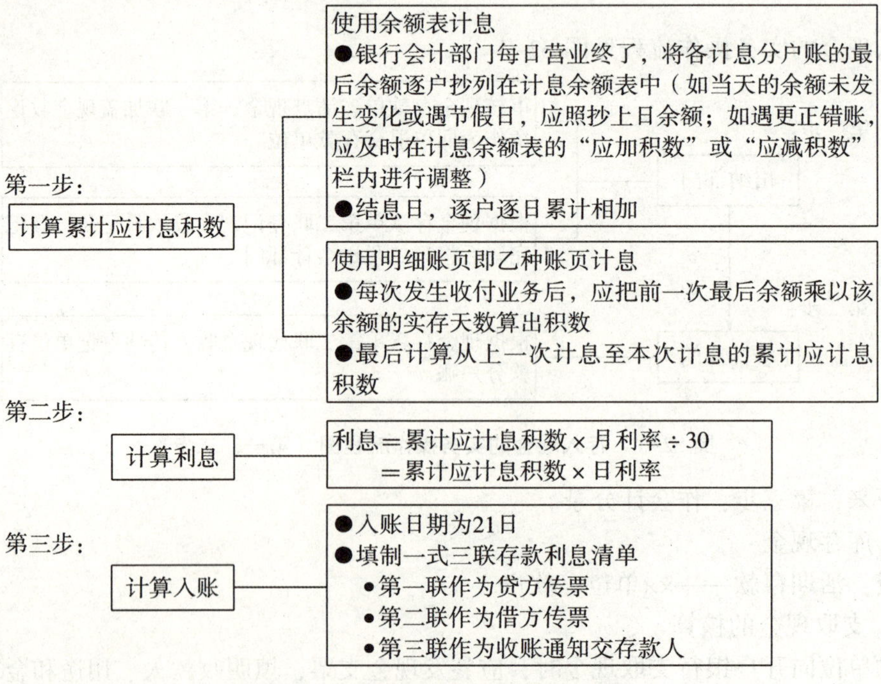

图 S2-3 利息结计的实务操作流程图

接下来，第四步：作会计分录。

借：利息支出

贷：活期存款——××单位存款户

4. 定期存款业务的实务操作

（1）定期存款存入

存款单位在存入定期存款时，签发转账支票送存开户银行。

第一步：审核。

●审核转账支票无误并收妥款项
●填制“单位定期存款开户证实书”（以下简称“证实书”）一式三联
- 经复核后，“证实书”第一联代转账贷方传票入账
- 第三联银行作为卡片账留存，并登记单位定期存款开销户登记簿，同时按顺序专夹保管
- 第二联加盖银行业务公章和经办员名章后交给存款单位作为存款依据，转账支票则代转账借方传票登记存款单位分户账

第二步：作会计分录。

借：活期存款——××单位存款户

贷：定期存款——×期限定期存款——××单位定期存款户

（2）定期存款利息的计算

①依照权责发生制原则按季预提应付利息，预提时应按定期存款不同期限的利率档次分别计算。

计算公式：
●预提某期限定期存款利息＝某期限定期存款季度平均余额×年利率÷4
●某期限定期存款季度平均余额＝季度内某期限定期存款各月初余额相加之和÷3

其会计分录为：

借：利息支出

贷：应付利息——×期限定期存款利息

②到期支取时计算利息，实行利随本清计息办法。

●存期按对年、对月、对日计算，不论大月、小月、平月、闰月，每月均按 30 天计算，全年按 360 天计算。不足一个月的零头天数按实存天数计算（算头不算尾）
●公式为：利息＝本金×存期×利率
●到期支取。按开户日所定的利率计付利息
●逾期支取。逾期部分按支取日人民银行挂牌公告的活期存款利率计付
●全部提前支取。按支取日银行挂牌公告的活期存款利率计息
● 部分提前支取的。提前支取部分，按支取日银行挂牌公告活期存款利率计息；未提前支取部分，按原“证实书”（或定期储蓄存单）开立日所定存款利率和原定存期计付利息。但部分提前支取只能允许一次。定期存款利率在原定存期内人民银行如有调整变动，均按开户日所定利率计付利息，不分段计息

③定期存款支取。

第一步：办理手续。

- ●携带“单位定期存款开户证实书”第二联向银行办理转账
- ●银行经审核无误后，计算应付利息，填制一式两联利息计算清单
  - 一联代收账通知交存款单位
  - 一联作为转账借方传票
- ●在“证实书”上加盖“结清”戳记
- ●以收回的“证实书”代替转账借方传票入账，卡片账即作为附件
- ●填制两联特种转账贷方传票
  - 一联作为活期存款的入账贷方传票
  - 一联代收账通知转交存款单位

第二步：作会计分录。

借：定期存款——×年期定期存款——××单位定期存款户

　　利息支出——×期限定期存款利息

　　（或应付利息——×年期定期存款利息）

　贷：活期存款——××单位存款户

转账后销记单位定期存款开销户登记簿，将一联转账贷方传票作为收账通知交存款单位。

5. 活期储蓄存款实务操作

（1）活期储蓄存款存入

①开户。

储户办理存款开户时，应填写“储蓄存款凭条”，提交存入款项、凭条和身份证。

第一步：审查。

- ●审查凭条，核对身份证
- ●清点现金无误后，登记现金收入日记簿
- ●登记存款余额和积数余额

第二步：办理开户手续。

- ●登记开销户登记簿
- ●编列账号

第三步：开立“活期储蓄存款明细账”及活期储蓄存折。

- ●存折加盖业务公章和经办员名章后交付给储户
- ●将储蓄存款凭条代替现金收入传票入账

第四步：作会计分录。

借：库存现金

　贷：活期储蓄存款——××存款人

②续存。

续存时，与开户的第一步、第三步、第四步相同。

(2) 活期储蓄存款支取

支取时，存款人填写活期储蓄存款取款凭条，提交存折、凭条。

第一步：审查。

- ●审查凭条
- ●核对存折
- ●密码无误

第二步：登记。

- ●活期储蓄存款明细账
- ●活期储蓄存折的存款余额和积数余额

第三步：付款。

- ●登记现金付出日记簿
- ●支付现金，存折返还存款人

第四步：作会计分录。

借：活期储蓄存款——××存款人

　贷：库存现金

(3) 计付利息

活期储蓄存款在利息的计算公式、计息的形式和计算方法上与单位活期存款相同。

相关规定：

- ●根据计算结果分别编制转账借方传票和转账贷方传票入账
- ●每季末月20日，计算累计应计息积数，按“利息=累计应计息积数×日利率”公式计算利息，填制利息清单

提取应付储户活期储蓄利息，予以转账，作分录如下：

借：利息支出

　贷：活期储蓄存款——××存款人

(4) 结清账户

储户销户时，根据存折的最后余额填写储蓄取款凭条，提交存折、凭条。

第一步：审查。

- ●审核凭条
- ●核对存折
- ●核对密码

第二步：登记。

●销记“开销户登记簿”
●登记活期储蓄存款明细账
●登记活期储蓄存折，在取款凭条和存折上加盖“结清”戳记
●收回存折

第三步：计算利息。

●填制一式两联“储蓄存款利息清单”
  • 一联交储户
  • 一联作附件

第四步：付款。

●登记现金付出日记簿
●支付现金

第五步：作会计分录。

借：活期储蓄存款——××存款人
　　利息支出
　贷：库存现金

6. 定期储蓄存款业务的实务操作（以整存整取定期储蓄存款为例）

(1) 定期储蓄存款存入

储户办理存款开户时，应填写“储蓄存款凭条”，提交存入款项、凭条和身份证。

第一步：审查。

●经办员审查凭条
●核对身份证
●清点现金
●无误后登记现金收入日记簿

第二步：办理开户手续。

●登记开销户登记簿
●编列账号

第三步：填制定期储蓄存款存单。

●第一联作为定期储蓄存款贷方传票
●第二联加盖业务公章和经办员名章后交付给储户执存，凭以取款
●第三联作为明细账卡银行留存

第四步：作会计分录。

借：库存现金

　贷：定期储蓄存款——整存整取储蓄——××存款人

(2) 定期储蓄存款支取

定期储蓄存款到期支取时，存款人提交存单。若为提前支取，须同时提交身份证。

第一步：审查。

●核对存单 ●核对密码

第二步："结清"存单。

●销记"开销户登记簿" ●在存单上加盖"结清"戳记 ●收回存单，作为定期储蓄存款借方传票

第三步：计算利息。

●到期支取时 利息＝本金×存期×存入时约定利率 ●提前支取时 利息＝本金×存期（实存天数）×支取日公告活期日利率 ●填制一式两联"储蓄存款利息清单" 　• 一联交储户 　• 一联作"利息支出（或应付利息）"借方凭证

第四步：付款。

●登记现金付出日记簿 ●支付现金

第五步：作会计分录。

借：定期储蓄存款——整存整取储蓄——××存款人

　　利息支出——×期限整存整取储蓄存款利息

　　（或应付利息——×年期整存整取储蓄存款利息）

　贷：库存现金

[实务操作流程]

存款业务操作流程见图 S2-4。

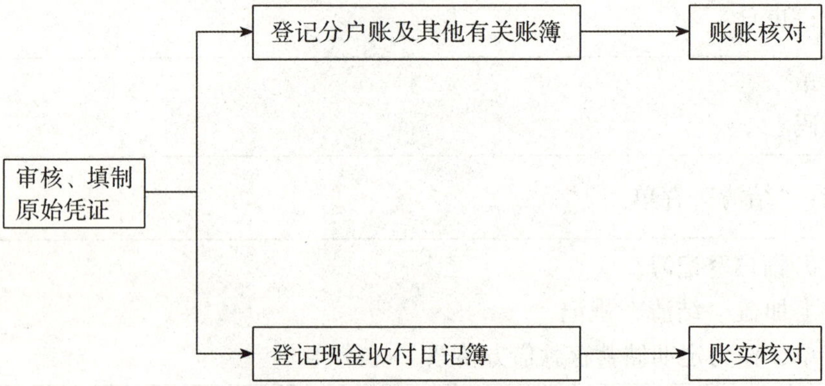

图 S2-4　存款业务操作流程图

[实验内容]

中国惠通银行北京顺至支行 2013 年 8 月 20 日发生下列业务：

（1）滨江亚麻厂签发现金支票，提取备用金 3 000 元。

（2）滨江机械厂存入销货现金 58 000 元。

（3）为活期存款账户计息。各活期存款账户利息分别为：滨江亚麻厂 1 980.87 元；滨江机械厂 3 600 元。存款 8 月 21 日入息。

（4）滨江亚麻厂存入 1 年期定期存款 200 000 元。

（5）滨江机械厂 3 个月期定期存款 100 000 元到期，年利率 2.60%，来行办理转账。

（6）钱程续存活期储蓄存款 1 000 元。

（7）赵红从其活期储蓄账户支取款项 2 000 元。

（8）钱程的 1 年期定期储蓄存款 10 000 元到期，年利率 3.00%，利息 300 元，以现金支付其本金和利息。

[实验材料]

1. 现金支票（见表 S2-2）、滨江亚麻厂分户账（见表 S1-9）和现金付出日记簿（见表 S2-3）。

表 S2-2

X Ⅲ03087485

中国××银行现金支票

出票日期（大写）　　贰零壹叁年零捌月零贰拾日　　付款行名称：北京顺至支行

收款人：滨江亚麻厂　　出票人账号：05160104000001

本支票付款期限十天	人民币（大写）	叁仟元整	千	百	十	万	千	百	十	元	角	分
						¥	3	0	0	0	0	0

用途：支取备用金

上列款项请从

我账户内支付

出票人签章

科目（借）

对方科目（贷）

转账日期　年　月　日

复核　　记账

须填密码

贴对号单处　　X Ⅲ03087485

表 S2-3

现金付出日记簿

柜组名称：　　年　月　日　　共　页 第　页

凭证号数	科目代号	户名或账号	计划项目代号	金额（位数）	凭证号数	科目代号	户名或账号	计划项目代号	金额（位数）

复核　　　　出纳

2. 现金存款单（见表 S2-4、表 S2-5）、滨江机械厂分户账（见表 S1-10）和现金收入日记簿（见表 S2-6）。

表 S2-4

中国××银行**现金存款单**（现收传票）

科目：　　2013 年 08 月 20 日

存款单位全称	滨江机械厂	账　　号	05160104000008
款项来源	销货现金	开户银行	北京顺至支行

人民币（大写）	伍万捌仟元整	百	十	万	千	百	十	元	角	分
			¥	5	8	0	0	0	0	0

券别	张数	金额 十	万	千	百	十	元	角	分	券别	张数	金额 千	百	十	元	角	分
一百元券	500	¥	5	0	0	0	0	0	0	五角券							
五十元券	160		¥	8	0	0	0	0	0	二角券							
二十元券										一角券							
十元券										五分币							
五元券										二分币							
二元券										一分币							
一元券																	

表 S2-5　　中国××银行**现金存款单**（回单）

科目：　　2013 年 08 月 20 日

存款单位全称	滨江机械厂	账　号	05160104000008							
款项来源	销货现金	开户银行	北京顺至支行							
人民币（大写）伍万捌仟元整			百	十	万	千	百	十	元	角	分
				¥	5	8	0	0	0	0	0

券别	张数	金额								券别	张数	金额					
		十	万	千	百	十	元	角	分			千	百	十	元	角	分
一百元券	500	¥	5	0	0	0	0	0	0	五角券							
五十元券	160		¥	8	0	0	0	0	0	二角券							
二十元券										一角券							
十元券										五分币							
五元券										二分币							
二元券										一分币							
一元券																	

表 S2-6　　**现金收入日记簿**

柜组名称：　　年　月　日　　共　页第　页

凭证号数	科目代号	户名或账号	计划项目代号	金额（位数）	凭证号数	科目代号	户名或账号	计划项目代号	金额（位数）

复核　　出纳

3. 滨江亚麻厂存款利息清单（见表 S2-7、表 S2-8、表 S2-9）、滨江机械厂存款利息清单（见表 S2-10、表 S2-11、表 S2-12）、利息支出分户账（见表 S1-7）和滨江亚麻厂分户账（见表 S1-9）、滨江机械厂分户账（见表 S1-10）。

表 S2-7　　**中国××银行（转账借方传票）**　　活期存款利息清单

币种：RMB　　2013 年 08 月 20 日　　交易序号：

户名	滨江亚麻厂			账号	05160104000001		
储种	计息积数	类别	月利率‰	利息/贴息	应税利息	税率%	税金
活期		存户息		1 980. 87	1 980. 87		

网点号	现转标志	税后利息	税后本息合计	备注	操作
0516	转	1 980. 87			

制票：　　复核：

表 S2-8　　中国××银行（客户回单）　　活期存款利息清单

币种：RMB　　2013 年 08 月 20 日　　交易序号：

户名	滨江亚麻厂			账号	05160104000001		
储种	计息积数	类别	月利率‰	利息/贴息	应税利息	税率%	税金
活期		存户息		1 980. 87	1 980. 87		

网点号	现转标志	税后利息	税后本息合计	备注	操作
0516	转	1 980. 87			

制票：　　复核：

表 S2-9　　中国××银行（转账贷方传票）　　活期存款利息清单

币种：RMB　　2013 年 08 月 20 日　　交易序号：

户名	滨江亚麻厂			账号	05160104000001		
储种	计息积数	类别	月利率‰	利息/贴息	应税利息	税率%	税金
活期		存户息		1 980. 87	1 980. 87		

网点号	现转标志	税后利息	税后本息合计	备注	操作
0516	转	1 980. 87			

制票：　　复核：

表 S2-10　　中国××银行（转账借方传票）　　活期存款利息清单

币种：RMB　　2013 年 08 月 20 日　　交易序号：

户名	滨江机械厂			账号	05160104000008		
储种	计息积数	类别	月利率‰	利息/贴息	应税利息	税率%	税金
活期		存户息		3 600. 00	3 600. 00		

网点号	现转标志	税后利息	税后本息合计	备注	操作
0516	转	3 600. 00			

制票：　　复核：

表 S2-11　　中国××银行（客户回单）　　活期存款利息清单

币种：RMB　　2013 年 08 月 20 日　　交易序号：

户名	滨江机械厂			账号	05160104000008		
储种	计息积数	类别	月利率‰	利息/贴息	应税利息	税率%	税金
活期		存户息		3 600. 00	3 600. 00		

网点号	现转标志	税后利息	税后本息合计	备注	操作
0516	转	3 600. 00			

制票：　　复核：

表 S2-12　　中国××银行（转账贷方传票）　　活期存款利息清单

币种：RMB　　2013 年 08 月 20 日　　交易序号：

户名	滨江机械厂			账号	05160104000008		
储种	计息积数	类别	月利率‰	利息/贴息	应税利息	税率%	税金
活期		存户息		3 600.00	3 600.00		

网点号	现转标志	税后利息	税后本息合计	备注	操作
0516	转	3 600.00			

制票：　　复核：

4. 转账支票（见表 S2-13）、单位定期存款开户证实书（见表 S2-14、表 S2-15、表 S2-16）、定期存款开销户登记簿（见表 S2-17）和滨江亚麻厂分户账（见表 S1-9）。

表 S2-13　　XⅢ03087286

中国××银行　转账支票

本支票付款期限十天

出票日期（大写）　贰零壹叁年零捌月零贰拾日　　付款行名称：北京顺至支行

收款人：滨江亚麻厂　　出票人账号：05160104000001

人民币（大写）	千	百	十	万	千	百	十	元	角	分
贰拾万元整		¥	2	0	0	0	0	0	0	0

用途：转存定期　　科目（借）

上列款项请从　　对方科目（贷）

我账户内支付　　转账日期　年　月　日

出票人签章　　复核　　记账

须填密码

表 S2-14　　中国××银行单位定期存款开户证实书　1　　NO.（京）ⅦⅧ88888888

户名＿＿＿＿＿＿　账号＿＿＿＿＿＿

币种＿＿＿＿＿＿　金额（大写）＿＿＿＿＿＿

开户行名称＿＿＿＿＿＿　银行签章

存入日期	存入金额（小写）	存期	年利率（%）	起息日	到期日	支取方式	经办柜员

此联作为银行贷方传票

制票：　　复核：

表 S2-15 **中国××银行单位定期存款开户证实书 2** NO.（京）ⅦⅧ88888888

户名________________ 账号________________
币种________________ 金额（大写）________________
开户行名称________________ 银行签章

存入日期	存入金额（小写）	存期	年利率（%）	起息日	到期日	支取方式	经办柜员

此联存单

制票： 复核：

表 S2-16 **中国××银行单位定期存款开户证实书 3** NO.（京）ⅦⅧ88888888

户名________________ 账号________________
币种________________ 金额（大写）________________
开户行名称________________ 银行签章

存入日期	存入金额（小写）	存期	年利率（%）	起息日	到期日	支取方式	经办柜员

此联存款卡片账

制票： 复核：

表 S2-17 **定期存款开销户登记簿**

开户日期			账号	户名	销户日期			备注
年	月	日			年	月	日	
2013	05	20	05160104000008	滨江机械厂				

5. 单位定期存款开户证实书（第二联见表 S2-18）、定期存款利息清单（见表 S2-19、表 S2-20）、特种转账贷方传票（见表 S2-21、表 S2-22）、定期存款开销户登记簿（见表 S2-17）、利息支出分户账（见表 S1-7）和滨江机械厂分户账（见表 S1-10）。

表 S2-18　　**中国××银行单位定期存款开户证实书**　1　NO.（京）ⅦⅧ88888889

户名 滨江机械厂　　账号 05160104000008

币种 人民币　　金额（大写）壹拾万元整

开户行名称中国惠通银行北京顺至支行　　银行签章

存入日期	存入金额（小写）	存期	年利率（%）	起息日	到期日	支取方式	经办柜员
2013-05-20	100 000	3 个月	2.60	2013-05-20	2013-08-20	凭密	0h52

此联作为银行贷方传票

制票：　　复核：

表 S2-19　　**中国××银行（转账借方传票）**　　定期存款利息清单

币种：RMB　　年　月　日　　交易序号：

户名				账号			
储种	本金	类别	月利率‰	利息/贴息	应税利息	税率%	税金
活期		存户息					

网点号	现转标志	税后利息	税后本息合计	备注	操作

制票：　　复核：

表 S2-20　　**中国××银行（收账通知）**　　定期存款利息清单

币种：RMB　　年　月　日　　交易序号：

户名				账号			
储种	本金	类别	月利率‰	利息/贴息	应税利息	税率%	税金
活期		存户息					

网点号	现转标志	税后利息	税后本息合计	备注	操作

制票：　　复核：

表 S2-21　　**中国××银行特种转账贷方传票**

年　月　日

总字第　号
字第　号

收款单位	全　称			付款单位	全　称		
	账号或地址				账号或地址		
	开户银行	行号			开户银行	行号	
金额	人民币（大写）					千 百 十 万 千 百 十 元 角 分	
原凭证金额		赔偿金		科目（贷）________			
原凭证名称		号码					
转账原因		银行盖章		对方科目（借）________ 会计　复核　记账			

附件　张

表 S2-22

中国××银行特种转账贷方传票

年　　月　　日

总字第	号
字第	号

收款单位	全　　称			付款单位	全　　称		
	账号或地址				账号或地址		
	开户银行		行号		开户银行		行号

		千	百	十	万	千	百	十	元	角	分
金额	人民币（大写）										

附件　　张

原凭证金额		赔偿金		科目（贷）
原凭证名称		号码		对方科目（借）
转账原因	银行盖章			会计　复核　记账

6. 储蓄存款凭条（见表 S2-23）、钱程活期储蓄存款分户账（见表 S1-11）和现金收入日记簿（见表 S2-6）。

表 S2-23

中国××银行存款凭条

2013 年 08 月 20 日　　　　序号：

客户填写	户名钱程　　账（卡）号05160110000068　　顺序号 币种（√）：人民币 ☑　港币 □　美元 □　英镑 □ 其他 新开户的客户请继续填写背面

	亿	千	百	十	万	千	百	十	元	角	分
金额					¥	1	0	0	0	0	0

日期：	日志号：	交易码：	币种：
金额：	终端号：	主　管：	柜员：

制票：　　　　复核：

7. 储蓄取款凭条（见表 S2-24）、赵红活期储蓄存款分户账（见表 S1-12）和现金付出日记簿（见表 S2-3）。

表 S2-24

中国××银行取款凭条

2013 年 08 月 20 日　　　　序号：

客户填写	户名赵红　　账（卡）号05160110000078　　顺序号 币种（√）：人民币 ☑　港币 □　美元 □　英镑 □ 其他 现金或转账（√）：　现金 ☑　转账□ 转入账（卡）号　　顺序号　　户名 取款人证件名称　　号码 代理人证件名称　　号码　　代理人签名　　（客户印鉴）	金额	亿	千	百	十	万	千	百	十	元	角	分
								¥	2	0	0	0	0
日期：　日志号：　交易码：　币种： 金额：　终端号：　主　管：　柜员：													

制票：　　　　复核：

8. 定期储蓄存款单（第二联见表 S2-25）、定期存款利息清单（见表 S2-26、表 S2-27、表 S2-28）、应付利息分户账（见表 S1-6）、定期存款开销户登记簿（见表 S2-29）和现金付出日记簿（见表 S2-3）。

表 S2-25

中国××银行储蓄存款单

NO.（京）ⅦⅧ007282368

户名　钱程　　账号　05160111000128

币种　人民币　　金额（大写）壹万元整

开户行名称中国惠通银行北京顺至支行　　银行签章

存入日期	存入金额（小写）	存期	年利率%	起息日	到期日	支取方式	经办柜员
2012-08-20	10 000	一年	3.00	2012-08-20	2013-08-20	凭密	

制票：　　　　复核：

表 S2-26

中国××银行（转账借方传票）

定期存款利息清单

币种：RMB　　　　年　　月　　日　　　　交易序号：

户名				账号			
储种	本金	类别	月利率‰	利息/贴息	应税利息	税率%	税金
活期		存户息					

网点号	现转标志	税后利息	税后本息合计	备注	操作

制票：　　　　复核：

表 S2-27　　**中国××银行（收账通知）**　　定期存款利息清单

币种：RMB　　年　月　日　　交易序号：

户名				账号			
储种	本金	类别	月利率‰	利息/贴息	应税利息	税率%	税金
活期		存户息					

网点号	现转标志	税后利息	税后本息合计	备注	操作

制票：　　复核：

表 S2-28　　**中国××银行（转账贷方传票）**　　定期存款利息清单

币种：RMB　　年　月　日　　交易序号：

户名				账号			
储种	本金	类别	月利率‰	利息/贴息	应税利息	税率%	税金
活期		存户息					

网点号	现转标志	税后利息	税后本息合计	备注	操作

制票：　　复核：

表 S2-29　　**定期存款开销户登记簿**

开户日期			账号	户名	销户日期			备注
年	月	日			年	月	日	
2012	08	20	05160111000128	钱程				

[注意事项]

1. 凭证的审核内容不要遗漏。
2. 凭证各联次的作用。
3. 相关登记簿不要漏登记。
4. 凭证及登记簿的填制字迹清楚、工整，符合书写规范。
5. 实际工作中注意企业印鉴的核对工作，保证其真实性。

实验三　贷款业务

[实验目的和要求]

1. 实验目的

通过本实务操作使学生熟悉商业银行贷款业务的处理要求和方法，熟练掌握贷款的发放和收回、贷款逾期的处理等会计核算和操作过程，基本达到能够独立完成凭证的填制及整个贷款业务的账务处理。

2. 实验要求

（1）根据资料填制各类业务凭证；

（2）对贷款业务进行处理，编写会计分录；

（3）登记相关账簿、余额表；

（4）填制科目日结单、总账、日计表，平衡账务。

[关键知识点]

1. 贷款的有关规定

（1）贷款的概念

贷款又称放款，是商业银行作为贷款人，按照一定的贷款原则和政策，以还本付息为条件，将一定数量的货币资金提供给借款人使用的一种信用活动。贷款业务是银行最主要的资产业务，也是银行目前最主要的收入来源。

（2）贷款的分类（见表 S3-1）

表 S3-1　**贷款的分类**

分类标准	类　别
按照贷款发放的基础	信用贷款 担保贷款（包括抵押贷款、质押贷款、保证贷款） 票据贴现
按照贷款的期限	短期贷款 中期贷款 长期贷款
按照贷款的风险（五级分类法）	正常贷款 关注贷款 次级贷款 可疑贷款 损失贷款
按照贷款对象的主体性质	单位贷款 个人贷款

2. 贷款的操作流程

贷款业务的操作流程见图 S3－1。

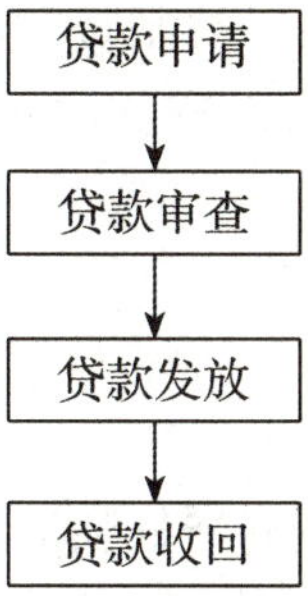

图 S3－1　贷款业务操作流程图

3. 贷款的核算

（1）贷款的发放

信贷部门审查借款人的经营情况和信用情况，在借款凭证上签署同意贷款意见，交会计部门。

第一步：审查。

受理一式五联的借款凭证时，应认真审查：

- 有无信贷部门的审批意见
- 内容的填写是否正确完整
- 大小写金额是否一致
- 印鉴是否相符

第二步：审查无误后，受理。

- 第一联回单联，加盖转讫章后交给借款单位
- 第二联借方凭证
- 第三联贷方凭证
- 第四联代分户卡片
- 第五联退业务部门留存

第三步：作会计分录。

借：××贷款——××企业

　贷：活期存款——××企业

如果是抵押贷款，还应对抵押物详细登记，并填制表外科目收入凭证在表外科目记载。

收入：待处理抵押品——××企业

（2）贷款利息的计算

①定期结息。

定期结息是实行按季（或月）结息的一种计息方法。每季度末月 20 日（或每月 20 日）为结息日，一般采用余额表计息或分户账账页计息的做法。

利息计算采用计息余额表累计计息积数乘以日利率的方法。公式为：

利息=累计计息积数×日利率

结息日银行计算各借款单位的利息，编制贷款利息清单一式三联，直接从借款单位存款账户中扣收。借款人账户有款支付的，贷款清单一联作支款通知，另两联分别代转账借、贷方传票办理转账。

借：活期存款——××单位存款户

　贷：利息收入

②利随本清。

利随本清又称为逐笔计息，即每一笔贷款到期时，利息随本金同时归还。利随本清最重要的是时间的计算，根据商业银行会计制度的规定，满年的按360天计算，满月的按30天计算，不满整年或整月的零头天数按实际天数计算，即对年对月对日。银行收回贷款时，应根据计息的利息，编制贷款利息清单或特种转账借、贷方传票，从借款单位账户收取利息。其会计分录为：

借：活期存款——××单位存款户

　贷：利息收入

（3）贷款到期收回

借款单位到期归还贷款时，应填具转账支票及一式四联还款凭证送交开户银行，办理还款手续。

银行以转账支票代替转账借方传票，以第一联还款凭证作为其附件；以第二联还款凭证代替转账贷方传票；第三联还款凭证转交信贷部门核销原放款记录；第四联还款凭证加盖转讫章后作为回单还给借款人作为归还贷款的依据。

若借款人事先与银行商定，也可由银行主动填制四联特种转账传票办理贷款收回手续。其中一联特种转账借方传票作付款通知，其余三联作为记账凭证。如果利息是按季定期计收的，收回贷款时，不办理利息转账，可少填一联特种转账贷方传票。银行会计部门审核并与专夹保管的借据核对无误后办理转账，其会计分录为：

借：活期存款——××企业

　贷：××贷款——××企业

如果是抵押贷款，还应办理归还抵押物详细登记，并填制表外科目付出凭证在表外科目记载。

付出：待处理抵押品——××企业

（4）逾期贷款的处理

逾期贷款指借款合同到期（含展期后到期）未归还的贷款（不含呆滞贷款和呆账贷款）。当贷款逾期时，借款单位存款账户无力归还贷款时，银行会计部门应于贷款到期日营业终了，通过会计分录将贷款转入“逾期贷款”账户。核算时由会计部门填制两联特种转账借方传票。

其会计分录为：

借：逾期贷款——××单位贷款户

　贷：××贷款——××单位逾期贷款户

办妥上述手续后，将逾期贷款借据另行保管，加强催收。逾期贷款从逾期之日起，按罚息利率计收罚息，直到清偿本息为止。

［实验内容］

中国惠通银行北京顺至支行 8 月份发生下列经济业务：

（1）8 月 20 日，收到信贷部门转来滨江机械厂借款凭证，准予信用贷款 100 000 元，期限半年，年利率 5.4%，经审核无误后，予以转账（见表 S3-2、表 S3-3、表 S3-4、表 S3-5、表 S3-6）。

（2）8 月 20 日，银行发放给滨江亚麻厂的一笔信用贷款 300 000 元到期，由银行主动收回，期限 6 个月，利率 5.4%，利随本清（见表 S3-7、表 S3-8、表 S3-9、表 S3-10）。

［实验材料］

表 S3-2

中国××银行借款凭证

利率：*5.4%*　　　　*2013* 年 *08* 月 *20* 日　　　　贷款种类：流动资金

<table>
<tr><td>借款单位</td><td>滨江机械厂</td><td colspan="3">贷款账号</td><td colspan="3">1210001</td><td colspan="3">存款账号</td><td>05160104000008</td></tr>
<tr><td rowspan="2">借款金额
（大写）</td><td rowspan="2">壹拾万元整</td><td>百</td><td>十</td><td>万</td><td>千</td><td>百</td><td>十</td><td>元</td><td>角</td><td>分</td><td rowspan="2">用途：购货</td></tr>
<tr><td>¥</td><td>1</td><td>0</td><td>0</td><td>0</td><td>0</td><td>0</td><td>0</td><td>0</td></tr>
</table>

<table>
<tr><td rowspan="9">兹借到上列贷款，到期时请凭此凭证收回

借款单位盖章　　　负责人盖章</td><td colspan="2">约定还款日期</td><td colspan="3">2014 年 02 月 20 日</td></tr>
<tr><td colspan="5">分次还款记录</td></tr>
<tr><td colspan="2">日期</td><td rowspan="2">偿还本金</td><td rowspan="2">结欠本金</td><td rowspan="2">复核</td></tr>
<tr><td>月</td><td>日</td></tr>
<tr><td></td><td></td><td></td><td></td><td></td></tr>
<tr><td></td><td></td><td></td><td></td><td></td></tr>
<tr><td></td><td></td><td></td><td></td><td></td></tr>
<tr><td></td><td></td><td></td><td></td><td></td></tr>
<tr><td></td><td></td><td></td><td></td><td></td></tr>
</table>

第一联　借款人回单

会计主管　　　　复核　　　　记账

表 S3-3

中国××银行借款凭证

利率：5.4%　　2013 年 08 月 20 日　　贷款种类：流动资金

<table>
<tr><td>借款单位</td><td>滨江机械厂</td><td colspan="3">贷款账号</td><td colspan="3">1210001</td><td colspan="3">存款账号</td><td>05160104000008</td></tr>
<tr><td rowspan="2">借款金额（大写）</td><td rowspan="2">壹拾万元整</td><td>百</td><td>十</td><td>万</td><td>千</td><td>百</td><td>十</td><td>元</td><td>角</td><td>分</td><td rowspan="2">用途：购货</td></tr>
<tr><td>¥</td><td>1</td><td>0</td><td>0</td><td>0</td><td>0</td><td>0</td><td>0</td><td>0</td></tr>
</table>

<table>
<tr><td rowspan="7">兹借到上列贷款，到期时请凭此凭证收回

借款单位盖章　　负责人盖章</td><td colspan="2">约定还款日期</td><td colspan="3">2014 年 02 月 20 日</td></tr>
<tr><td colspan="5">分次还款记录</td></tr>
<tr><td colspan="2">日期</td><td rowspan="2">偿还本金</td><td rowspan="2">结欠本金</td><td rowspan="2">复核</td></tr>
<tr><td>月</td><td>日</td></tr>
<tr><td></td><td></td><td></td><td></td><td></td></tr>
<tr><td></td><td></td><td></td><td></td><td></td></tr>
<tr><td colspan="5">科目（借）：
对方科目（贷）：</td></tr>
</table>

会计主管　　复核　　记账

第二联　借方凭证

表 S3-4

中国××银行借款凭证

利率：5.4%　　2013 年 08 月 20 日　　贷款种类：流动资金

<table>
<tr><td>借款单位</td><td>滨江机械厂</td><td colspan="3">贷款账号</td><td colspan="3">1210001</td><td colspan="3">存款账号</td><td>05160104000008</td></tr>
<tr><td rowspan="2">借款金额（大写）</td><td rowspan="2">壹拾万元整</td><td>百</td><td>十</td><td>万</td><td>千</td><td>百</td><td>十</td><td>元</td><td>角</td><td>分</td><td rowspan="2">用途：购货</td></tr>
<tr><td>¥</td><td>1</td><td>0</td><td>0</td><td>0</td><td>0</td><td>0</td><td>0</td><td>0</td></tr>
</table>

<table>
<tr><td rowspan="7">兹借到上列贷款，到期时请凭此凭证收回

借款单位盖章　　负责人盖章</td><td colspan="2">约定还款日期</td><td colspan="3">2014 年 02 月 20 日</td></tr>
<tr><td colspan="5">分次还款记录</td></tr>
<tr><td colspan="2">日期</td><td rowspan="2">偿还本金</td><td rowspan="2">结欠本金</td><td rowspan="2">复核</td></tr>
<tr><td>月</td><td>日</td></tr>
<tr><td></td><td></td><td></td><td></td><td></td></tr>
<tr><td></td><td></td><td></td><td></td><td></td></tr>
<tr><td colspan="5">科目（贷）：
对方科目（借）：</td></tr>
</table>

会计主管　　复核　　记账

第三联　贷方凭证

表 S3-5

中国××银行借款凭证

利率：5.4%　　　2013 年 08 月 20 日　　　贷款种类：流动资金

借款单位	滨江机械厂									贷款账号	1210001	存款账号	05160104000008
借款金额（大写）	壹拾万元整	百	十	万	千	百	十	元	角	分	用途：购货		
		¥	1	0	0	0	0	0	0	0			

兹借到上列贷款，到期时请凭此凭证收回	约定还款日期	2014 年 02 月 20 日			
	分次还款记录				
	日期 月	日期 日	偿还本金	结欠本金	复核
借款单位盖章　负责人盖章					

会计主管　　复核　　记账

第四联 收款人收账通知

表 S3-6

中国××银行借款凭证

利率：5.4%　　　2013 年 08 月 20 日　　　贷款种类：流动资金

借款单位	滨江机械厂									贷款账号	1210001	存款账号	05160104000008
借款金额（大写）	壹拾万元整	百	十	万	千	百	十	元	角	分	用途：购货		
		¥	1	0	0	0	0	0	0	0			

兹借到上列贷款，到期时请凭此凭证收回	约定还款日期	2014 年 02 月 20 日			
	分次还款记录				
	日期 月	日期 日	偿还本金	结欠本金	复核
借款单位盖章　负责人盖章					

会计主管　　复核　　记账

第五联 退业务部门留存（代借据）

表 S3-7

中国××银行特种转账借方传票

年　月　日

总字第　号
字第　号

<table>
<tr><td rowspan="3">收款单位</td><td>全　称</td><td colspan="3"></td><td rowspan="3">付款单位</td><td>全　称</td><td colspan="9"></td></tr>
<tr><td>账号或地址</td><td colspan="3"></td><td>账号或地址</td><td colspan="9"></td></tr>
<tr><td>开户银行</td><td></td><td>行号</td><td></td><td>开户银行</td><td colspan="4"></td><td colspan="3">行号</td><td colspan="2"></td></tr>
<tr><td rowspan="2">金额</td><td colspan="6" rowspan="2">人民币
（大写）</td><td>千</td><td>百</td><td>十</td><td>万</td><td>千</td><td>百</td><td>十</td><td>元</td><td>角</td><td>分</td></tr>
<tr><td></td><td></td><td></td><td></td><td></td><td></td><td></td><td></td><td></td><td></td></tr>
<tr><td colspan="2">原凭证金额</td><td></td><td>赔偿金</td><td colspan="2"></td><td colspan="11" rowspan="3">科目（借）
对方科目（贷）
会计　复核　记账</td></tr>
<tr><td colspan="2">原凭证名称</td><td></td><td>号　码</td><td colspan="2"></td></tr>
<tr><td>转账原因</td><td colspan="5">银行盖章</td></tr>
</table>

附单据　张

表 S3-8

中国××银行特种转账借方传票

年　月　日

总字第　号
字第　号

<table>
<tr><td rowspan="3">收款单位</td><td>全　称</td><td colspan="3"></td><td rowspan="3">付款单位</td><td>全　称</td><td colspan="9"></td></tr>
<tr><td>账号或地址</td><td colspan="3"></td><td>账号或地址</td><td colspan="9"></td></tr>
<tr><td>开户银行</td><td></td><td>行号</td><td></td><td>开户银行</td><td colspan="4"></td><td colspan="3">行号</td><td colspan="2"></td></tr>
<tr><td rowspan="2">金额</td><td colspan="6" rowspan="2">人民币
（大写）</td><td>千</td><td>百</td><td>十</td><td>万</td><td>千</td><td>百</td><td>十</td><td>元</td><td>角</td><td>分</td></tr>
<tr><td></td><td></td><td></td><td></td><td></td><td></td><td></td><td></td><td></td><td></td></tr>
<tr><td colspan="2">原凭证金额</td><td></td><td>赔偿金</td><td colspan="2"></td><td colspan="11" rowspan="3">科目（借）
对方科目（贷）
会计　复核　记账</td></tr>
<tr><td colspan="2">原凭证名称</td><td></td><td>号　码</td><td colspan="2"></td></tr>
<tr><td>转账原因</td><td colspan="5">银行盖章</td></tr>
</table>

附单据　张

表 S3-9

中国××银行特种转账贷方传票

年　月　日

总字第　号
字第　号

<table>
<tr><td rowspan="3">收款单位</td><td>全　称</td><td colspan="3"></td><td rowspan="3">付款单位</td><td>全　称</td><td colspan="9"></td></tr>
<tr><td>账号或地址</td><td colspan="3"></td><td>账号或地址</td><td colspan="9"></td></tr>
<tr><td>开户银行</td><td></td><td>行号</td><td></td><td>开户银行</td><td colspan="4"></td><td colspan="3">行号</td><td colspan="2"></td></tr>
<tr><td rowspan="2">金额</td><td colspan="6" rowspan="2">人民币
（大写）</td><td>千</td><td>百</td><td>十</td><td>万</td><td>千</td><td>百</td><td>十</td><td>元</td><td>角</td><td>分</td></tr>
<tr><td></td><td></td><td></td><td></td><td></td><td></td><td></td><td></td><td></td><td></td></tr>
<tr><td colspan="2">原凭证金额</td><td></td><td>赔偿金</td><td colspan="2"></td><td colspan="11" rowspan="3">科目（贷）
对方科目（借）
会计　复核　记账</td></tr>
<tr><td colspan="2">原凭证名称</td><td></td><td>号　码</td><td colspan="2"></td></tr>
<tr><td>转账原因</td><td colspan="5">银行盖章</td></tr>
</table>

附单据　张

表 S3-10

中国××银行特种转账贷方传票

年 月 日

总字第 号
字第 号

<table>
<tr><td rowspan="3">收款单位</td><td>全 称</td><td colspan="3"></td><td rowspan="3">付款单位</td><td>全 称</td><td colspan="3"></td></tr>
<tr><td>账号或地址</td><td colspan="3"></td><td>账号或地址</td><td colspan="3"></td></tr>
<tr><td>开户银行</td><td></td><td>行号</td><td></td><td>开户银行</td><td></td><td>行号</td><td></td></tr>
<tr><td rowspan="2">金额</td><td colspan="6" rowspan="2">人民币
（大写）</td><td colspan="3">千 百 十 万 千 百 十 元 角 分</td></tr>
<tr><td colspan="3"></td></tr>
<tr><td colspan="2">原凭证金额</td><td></td><td>赔偿金</td><td></td><td colspan="5" rowspan="3">科目（贷）

对方科目（借）

会计 复核 记账</td></tr>
<tr><td colspan="2">原凭证名称</td><td></td><td>号 码</td><td></td></tr>
<tr><td>转账原因</td><td colspan="4">银行盖章</td></tr>
</table>

附单据 张

[注意事项]

注意贷款到期收回时利息的计算方式。

实验四 支 票

[实验目的和要求]

1. 实验目的

通过学习商业银行支票结算方式的处理要求和处理方法，能够正确、熟练地进行实务操作。

2. 实验要求

(1) 处理收到的会计凭证；

(2) 登记相应分户账。

[关键知识点]

1. 支票的特点和有关规定

(1) 支票的特点

支票是出票人签发的、委托办理支票存款业务的银行在见票时无条件支付确定的金额给收款人或者持票人的票据。支票适用于单位和个人在同一票据交换区域的各种款项结算。其特点是使用简便、方式灵活、结算迅速、信用可靠。

(2) 支票的有关规定

- 支票适用于同城的款项结算
- 支票的出票人为在经中国人民银行当地分支行办理支票业务的银行机构开立可以使用支票存款账户的单位和个人
- 支票一律记名
- 支票金额无起点限制，提示付款期自出票日起 10 日（到期日遇法定节假日顺延）
- 签发支票应使用墨汁或碳素墨水笔填写，或使用支票打印机打印

2. 支票的核算程序

支票可以在同一票据交换区内使用，主要包括现金支票和转账支票。转账支票中由持票人（或收款人）提示付款的支票称为借记支票，由出票人（或付款人）提示付款的支票称为贷记支票。

3. 支票的核算

(1) 现金支票的核算

借记支票流转程序如图 S4-1 所示。

贷记支票流转程序如图 S4-2 所示。

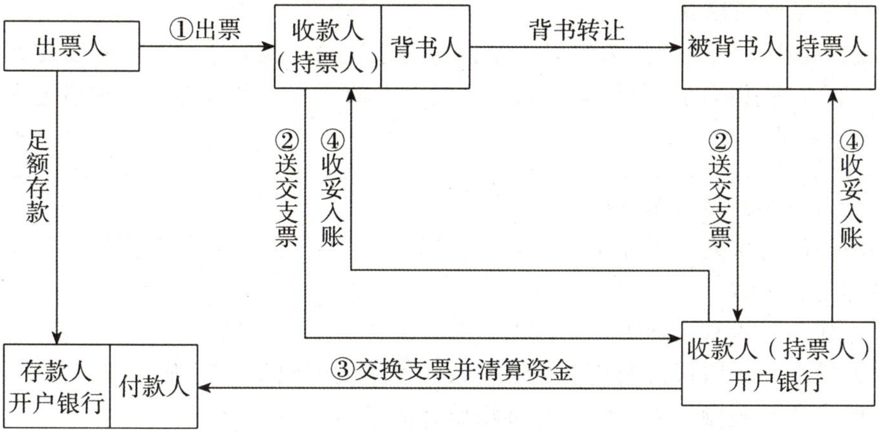

图 S4-1　借记支票流转程序图

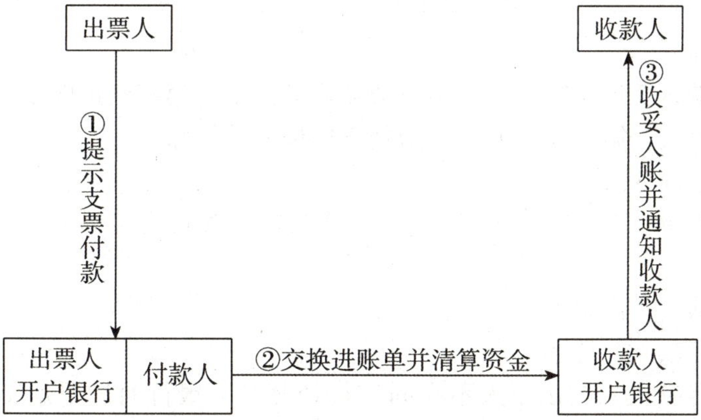

图 S4-2　贷记支票流转程序图

第一步：审查。

- 支票大小写金额是否相符
- 是否超过付款期
- 印鉴与预留印鉴是否相符
- 出票人账户是否有足够支付的存款
- 是否背书等

第二步：受理。

将出纳对号单（牌）交给取款人，以现金支票代现金付出传票，登记取款单位分户账后，再将现金支票内部传递到出纳部门，出纳部门凭对号单（牌）向取款人支付现金并登记现金付出日记簿。

第三步：作会计分录。

借：活期存款——××单位存款户

　贷：库存现金

（2）转账支票的核算

转账支票结算方式是出票人签发支票，将支票交给收款人，收款人收受支票后持票向自己的开户行办理转账的一种结算方式。通常企业收受的支票大部分属于借记支票。

第一步：审查。

- 支票是否真实，是否超过提示付款期
- 支票填明的持票人是否在本行开户，持票人的名称是否为该持票人，与进账单上的名称是否一致
- 出票人账户是否有足够支付的款项
- 出票人签章与预留银行的签章是否一致，使用的密码是否正确
- 支票的大小写金额是否一致，与进账单金额是否相符
- 支票必须记载的事项是否齐全
- 背书转让的支票是否按规定转让

第二步：受理。

将支票作为借方凭证，第一联进账单加盖业务公章，第三联进账单加盖转讫章作为收账通知一并交持票人，第二联进账单作为贷方凭证办理转账。

第三步：作会计分录。

持票人（或收款人）与出票人在同一行处开户，银行直接为其办理资金转账结算。其会计分录为：

借：活期存款——出票人户

　贷：活期存款——持票人户

持票人（或收款人）与出票人不在同一行处开户，银行通过票据交换为其办理转账结算。

持票人开户行会计分录为：

借：同城票据清算

　贷：其他应付款——持票人户

如提出的支票在下一个交换场次后未退回，则可另编转账借方传票，第二联进账单作贷方凭证办理转账，此时所作会计分录为：

借：其他应付款——持票人户

　贷：活期存款——持票人户

如提出的支票由于某种原因在下一个交换场次遭退回，则另编转账凭证，此时所作会计分录为：

借：其他应付款——持票人户

　贷：同城票据清算

出票人开户银行收到交换提入的支票，对支票审查无误后，以支票作为凭证办理转账，此时所作会计分录为：

借：活期存款——出票人户

　贷：同城票据清算

若支票属退票范围，则出票人开户银行应及时使用“其他应收款”科目进行核算。

此时需另编转账借方传票，专夹保管支票，待下次交换时退回。其会计分录为：

借：其他应收款——出票人户

　贷：同城票据清算

如所退支票属于空头支票，或者签章与预留银行签章不符以及支付密码错误的支票，除退票外，还应按规定处以罚款。其会计分录为：

借：活期存款——出票人户

　贷：营业外收入——结算罚款收入户

支票在下次交换退回时，应另编转账贷方传票办理转账。其会计分录为：

借：同城票据清算

　贷：其他应收款——出票人户

[实验内容]

北京顺至支行2013年8月20日发生下列业务：

（1）滨江机械厂提交同行开户的滨江亚麻厂开出的金额为4 800元的转账支票及进账单（见表S4-1、表S4-2、表S4-3、表S4-4）。

（2）滨江亚麻厂提交中国工商银行北京滨江支行开户的装饰公司开出的金额为30 000元的转账支票及进账单。无退票作收款处理（见表S4-5、表S4-6、表S4-7、表S4-8、表S4-9）。

（3）交换提入滨江亚麻厂开给中国工商银行北京滨江支行开户的装饰公司的金额为50 000元的转账支票（见表S4-10、表S4-11）。

[实验材料]

表S4-1

中国××银行　转账支票

本支票付款期限十天

出票日期（大写）　贰零壹叁年零捌月零贰拾日　　付款行名称：北京顺至支行

收款人：滨江机械厂　　出票人账号：05160104000001

人民币（大写）	千	百	十	万	千	百	十	元	角	分
肆仟捌佰元整				¥	4	8	0	0	0	0

用途　贷款

科目（借）

对方科目（贷）

转账日期　年　月　日

复核：　记账：

须填密码

上列款项请从

我账户内支付

出票人签章：

表 S4-2

中国××银行进账单（回单） 1

2013 年 08 月 20 日　　第　号

付款人	全　称	滨江亚麻厂	收款人	全　称	滨江机械厂
	账　号	05160104000001		账　号	05160104000008
	开户银行	北京顺至支行		开户银行	北京顺至支行
人民币（大写）	肆仟捌佰元整		千 百 十 万 千 百 十 元 角 分	¥ 4 8 0 0 0 0	
票据种类	转账支票				
票据张数	1				
单位主管　会计　复核　记账			收款人开户行盖章		

此联是收款人开户银行交给收款人的回单

此回单不作收据，凭此联付货无效

表 S4-3

中国××银行进账单（贷方凭证） 2

2013 年 08 月 20 日　　第　号

付款人	全　称	滨江亚麻厂	收款人	全　称	滨江机械厂
	账　号	05160104000001		账　号	05160104000008
	开户银行	北京顺至支行		开户银行	北京顺至支行
人民币（大写）	肆仟捌佰元整		千 百 十 万 千 百 十 元 角 分	¥ 4 8 0 0 0 0	
票据种类	转账支票		科目（贷）		
票据张数	1		对方科目（借）		
			转账日期　年　月　日		
单位主管　会计　复核　记账			复核　记账		

此联由收款人开户银行作贷方凭证

表 S4-4

中国××银行进账单（收账通知） 3

2013 年 08 月 20 日　　第　号

付款人	全　称	滨江亚麻厂	收款人	全　称	滨江机械厂
	账　号	05160104000001		账　号	05160104000008
	开户银行	北京顺至支行		开户银行	北京顺至支行
人民币（大写）	肆仟捌佰元整		千 百 十 万 千 百 十 元 角 分	¥ 4 8 0 0 0 0	
票据种类	转账支票				
票据张数	1				
单位主管　会计　复核　记账			收款人开户行盖章		

此联是收款人开户银行交给收款人的

收账通知

表 S4-5

中国××银行 转账支票

本支票付款期限十天

出票日期（大写） 贰零壹叁年零捌月零贰拾日 付款行名称：北京滨江支行

收款人：滨江亚麻厂 出票人账号：03261040000018

人民币（大写）	叁万元整	千	百	十	万	千	百	十	元	角	分
				¥	3	0	0	0	0	0	0

用途 贷款

科目（借）

对方科目（贷）

转账日期 年 月 日

复核： 记账：

须填密码

上列款项请从
我账户内支付
出票人签章：

表 S4-6

中国××银行进账单（回单） 1

2013 年 08 月 20 日 第 号

付款人	全称	装饰公司	收款人	全称	滨江亚麻厂
	账号	03261040000018		账号	05160104000001
	开户银行	北京滨江支行		开户银行	北京顺至支行

人民币（大写）	叁万元整	千	百	十	万	千	百	十	元	角	分
				¥	3	0	0	0	0	0	0
票据种类	转账支票										
票据张数	1										
单位主管 会计 复核 记账		收款人开户行盖章									

此联是收款人开户银行交给收款人的回单

此回单不作收据，凭此联付货无效

表 S4-7

中国××银行进账单（贷方凭证） 2

2013 年 08 月 20 日 第 号

付款人	全称	装饰公司	收款人	全称	滨江亚麻厂
	账号	03261040000018		账号	05160104000001
	开户银行	北京滨江支行		开户银行	北京顺至支行

人民币（大写）	叁万元整	千	百	十	万	千	百	十	元	角	分
				¥	3	0	0	0	0	0	0
票据种类	转账支票	科目（贷）									
票据张数	1	对方科目（借）									
		转账日期 年 月 日									
单位主管 会计 复核 记账		复核 记账									

此联由收款人开户银行作贷方凭证

表 S4-8

中国××银行进账单（收账通知） 3

2013 年 08 月 30 日　　　　第　　号

付款人	全　称	装饰公司	收款人	全　称	滨江亚麻厂
	账　号	03261040000018		账　号	05160104000001
	开户银行	北京滨江支行		开户银行	北京顺至支行

人民币（大写）	叁万元整	千	百	十	万	千	百	十	元	角	分
				¥	3	0	0	0	0	0	0
票据种类	转账支票										
票据张数	1										

单位主管　会计　复核　记账　　　　收款人开户行盖章

此联是收款人开户银行交给收款人的收账通知

表 S4-9

中国××银行（转账借方传票）

年　月　日

科目	（借）	对方科目	（贷）

户名或账号	摘　要	金额 千	百	十	万	千	百	十	元	角	分

附单据　张

会计　出纳　复核　记账

表 S4-10

中国××银行　转账支票

出票日期（大写）　贰零壹叁年零捌月零贰拾日　付款行名称：北京顺至支行

收款人：装饰公司　出票人账号：05160104000001

人民币（大写）	伍万元整	千	百	十	万	千	百	十	元	角	分
				¥	5	0	0	0	0	0	0

用途　贷款

科目（借）

对方科目（贷）

转账日期　年　月　日

复核：　记账：

须填密码

上列款项请从

我账户内支付

出票人签章：

本支票付款期限十天

表 S4-11

中国××银行（转账贷方传票）

年　　月　　日

科目	（贷）		对方科目	（借）

附单据　　张

户名或账号	摘　　要	金额									
		千	百	十	万	千	百	十	元	角	分

会计　　　　出纳　　　　复核　　　　记账

［注意事项］

1. 银行收到票据时一定要认真审核。
2. 注意各传票联次的作用，实际工作中可通过传票的颜色区分各联次。

实验五　银行本票

[实验目的和要求]

1. 实验目的

通过学习商业银行本票结算方式的处理要求和处理方法，能够熟练正确地进行银行本票的实务操作。

2. 实验要求

（1）处理收到的会计凭证；

（2）登记相应的分户账；

（3）签发银行本票。

[关键知识点]

1. 银行本票的特点和有关规定

（1）银行本票的特点

银行本票是由出票人签发、承诺自己在见票时无条件支付确定的金额给收款人或持票人的票据。

银行本票使用范围广，单位、个人同城转账、提现均可使用。其特点是信用度高、流通性强、使用灵活。

（2）银行本票的有关规定

- 银行本票只能用于同城结算，单位和个人均可以使用银行本票
- 银行本票可以用于转账，注明“现金”字样的银行本票可以用于支取现金
- 银行本票的出票人为经中国人民银行当地分支行批准办理银行本票业务的银行机构
- 银行本票的提示付款期限自出票日起最长不得超过 2 个月。持票人超过提示付款期限提示付款的，代理付款人不予受理
- 银行本票一律记名，允许背书转让

2. 银行本票的核算程序

银行本票结算的会计处理分为出票、付款和结清三个阶段。银行本票结算的基本流程如图 S5-1 所示。

3. 银行本票的核算

（1）签发行签发银行本票的处理

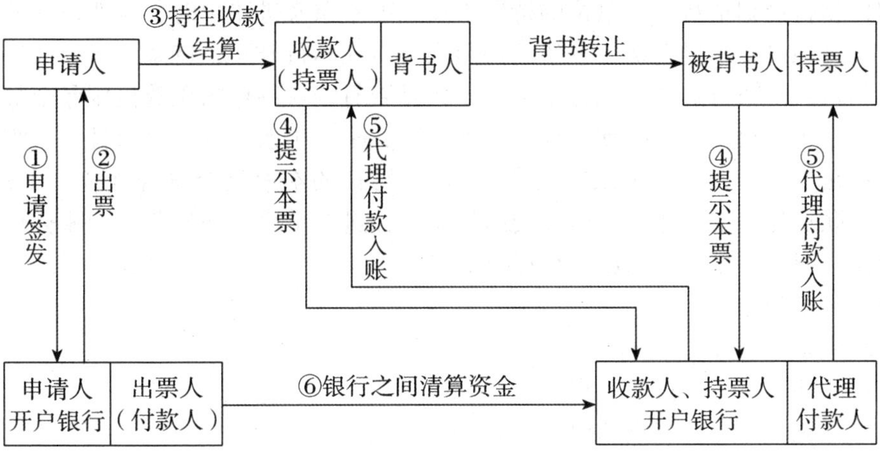

图 S5-1　银行本票结算的基本流程

①受理申请书的处理。

第一步：审查。

营业柜台受理申请人提交的一式三联申请书时，应认真审查：

- 内容是否齐全、清晰
- 签章是否为预留银行的签章
- 金额大小写是否一致
- 申请书注明“现金”字样的，申请人和收款人是否均为个人，是否交存现金
- 申请人要求汇票不得转让的，是否注明“不得转让”字样

第二步：受理。

- 将申请书第一联退给申请人
- 以转账方式交付的，以第二联作借方记账凭证，以第三联作贷方记账凭证
- 以现金方式交付的，第二联注销，以第三联作贷方记账凭证，“现金交款单”第二联作附件

②签发银行本票的处理。出票行办妥转账或收妥现金后，可根据申请书填写的内容签发本票。

填写的本票经复核无误后：

- 在第二联本票加盖本票专用章并由授权的经办人签名或盖章
- 本票第二联用压数机压印小写金额后交申请人
- 第一联卡片加盖经办、复核名章后留存，专夹保管

第三步：作会计分录。

借：库存现金（或活期存款）——申请人户

　贷：本票

（2）银行本票付款的处理

①代理付款行代理出票行付款。

代理付款行接到本行开户单位的持票人交来的本票及进账单时，应严格审核：本票是否真实，是否超过提示付款期；本票的持票人是否在本行开户，持票人名称与进账单上的名称是否相符；出票行的签章是否正确；本票是否有统一制作的压数机压印金额，与大写的出票金额是否一致；本票必须记载的事项是否齐全，出票金额、出票日期、收款人名称是否更改；是否压印“银行本票专用章”，背书转让的本票是否符合规范。审查无误后，进账单第一联加盖转讫章作收账通知交给持票人，进账单第二联作贷方记账凭证，银行本票加盖转讫章通过票据交换向出票行提出交换。

其会计分录为：

借：同城票据清算

　贷：活期存款——持票人户

②出票行兑付由本行签发的银行本票。

出票行受理本行签发的本票，应抽出专夹保管的本票卡片或存根，经与本票核对无误后，本票作借方凭证，本票卡片或存根作附件，办理转账。其会计分录为：

借：本票

　贷：活期存款——持票人户

（3）银行本票结清的处理

出票行收到同城票据交换提入的银行本票后，应抽出专夹保管的本票卡片或存根，经与本票核对无误后，本票作借方凭证，本票卡片或存根作附件，办理转账。其会计分录为：

借：本票

　贷：同城票据清算

（4）银行本票退款的处理

申请人因本票超过提示付款期限或其他原因要求出票行退款时，应填制进账单连同本票交给出票行，并提交证明或身份证。出票行核对无误后，在本票上加盖“未用退回”字样。其会计分录为：

借：本票

　贷：活期存款（或库存现金）——申请人户

[实验内容]

北京顺至支行 2013 年 8 月 20 日发生下列业务：

（1）滨江亚麻厂提交本票申请书，申请签发金额为 56 000 元的不定额本票（见表 S5-1、表 S5-2、表 S5-3、表 S5-4、表 S5-5）。

（2）滨江机械厂提交同行开户的滨江亚麻厂开出的金额为 4 800 元的不定额本票及进账单（见表 S5-6、表 S5-7）。

（3）滨江亚麻厂提交中国工商银行北京滨江支行开户的装饰公司开出的金额为30 000 元的银行本票及进账单（见表 S5-8、表 S5-9、表 S5-10）。

（4）交换提入滨江亚麻厂开给中国工商银行北京滨江支行开户的装饰公司的金额为

50 000元的银行本票（见表 S5-11、表 S5-12、表 S5-13）。

[实验材料]

表 S5-1

××银行**本票**申请书（存根） 1

申请日期 2013 年 8 月 20 日

第　　号

<table>
<tr><td>汇款人</td><td colspan="3">滨江亚麻厂</td><td>收款人</td><td colspan="10">装饰公司</td></tr>
<tr><td>账号或住址</td><td colspan="3">05160104000001</td><td>账号或住址</td><td colspan="10">03261040000018</td></tr>
<tr><td>兑付地点</td><td>省 北京 市
县</td><td>总付行</td><td></td><td>汇款用途</td><td colspan="10">贷款</td></tr>
<tr><td rowspan="2">汇款金额</td><td colspan="4" rowspan="2">人民币
（大写）伍万陆仟元整</td><td>千</td><td>百</td><td>十</td><td>万</td><td>千</td><td>百</td><td>十</td><td>元</td><td>角</td><td>分</td></tr>
<tr><td></td><td></td><td>¥</td><td>5</td><td>6</td><td>0</td><td>0</td><td>0</td><td>0</td><td>0</td></tr>
</table>

上列款项请在我账户内支付 （汇款人盖章）	科目（借） 对方科目（贷） 转账日期　　年　　月　　日 复核　　　　记账

此联是申请单位存根

表 S5-2

××银行**本票**申请书（借方凭证） 2

申请日期 2013 年 8 月 20 日

第　　号

<table>
<tr><td>汇款人</td><td colspan="3">滨江亚麻厂</td><td>收款人</td><td colspan="10">装饰公司</td></tr>
<tr><td>账号或住址</td><td colspan="3">05160104000001</td><td>账号或住址</td><td colspan="10">03261040000018</td></tr>
<tr><td>兑付地点</td><td>省 北京 市
县</td><td>总付行</td><td></td><td>汇款用途</td><td colspan="10">贷款</td></tr>
<tr><td rowspan="2">汇款金额</td><td colspan="4" rowspan="2">人民币
（大写）伍万陆仟元整</td><td>千</td><td>百</td><td>十</td><td>万</td><td>千</td><td>百</td><td>十</td><td>元</td><td>角</td><td>分</td></tr>
<tr><td></td><td></td><td>¥</td><td>5</td><td>6</td><td>0</td><td>0</td><td>0</td><td>0</td><td>0</td></tr>
</table>

上列款项请在我账户内支付 （汇款人盖章）	科目（借） 对方科目（贷） 转账日期　　年　　月　　日 复核　　　　记账

此联是签发行办理本票的借方凭证

表 S5-3

××银行本票委托书（贷方凭证） 3

申请日期 2013 年 8 月 20 日　　　　第　　号

<table>
<tr><td>汇款人</td><td colspan="3">滨江亚麻厂</td><td>收款人</td><td colspan="10">装饰公司</td></tr>
<tr><td>账号或住址</td><td colspan="3">05160104000001</td><td>账号或住址</td><td colspan="10">03261040000018</td></tr>
<tr><td>兑付地点</td><td>省 北京 市/县</td><td>总付行</td><td></td><td>汇款用途</td><td colspan="10">货款</td></tr>
<tr><td rowspan="2">汇款金额</td><td colspan="4" rowspan="2">人民币（大写）伍万陆仟元整</td><td>千</td><td>百</td><td>十</td><td>万</td><td>千</td><td>百</td><td>十</td><td>元</td><td>角</td><td>分</td></tr>
<tr><td></td><td></td><td>¥</td><td>5</td><td>6</td><td>0</td><td>0</td><td>0</td><td>0</td><td>0</td></tr>
<tr><td colspan="4">上列款项请在我账户内支付

（汇款人盖章）</td><td colspan="11">科目（贷）
对方科目（借）
转账日期　年　月　日
复核　　记账</td></tr>
</table>

此联是签发行办理本票的贷方凭证

表 S5-4

中国××银行

本　票（卡片） 1

付款期限
贰 个 月

出票日期（大写）　年　月　日

<table>
<tr><td colspan="2">收款人：</td><td colspan="2">申请人：</td></tr>
<tr><td>凭票即付</td><td colspan="3">人民币（大写）</td></tr>
<tr><td>转　账</td><td>现　金</td><td rowspan="2">出票行签章</td><td rowspan="2">出纳　　复核　　经办</td></tr>
<tr><td colspan="2">备注：</td></tr>
</table>

表 S5-5

中国××银行

本　票 2

付款期限
贰 个 月

出票日期（大写）　年　月　日

<table>
<tr><td colspan="2">收款人：</td><td colspan="2">申请人：</td></tr>
<tr><td>凭票即付</td><td colspan="3">人民币（大写）</td></tr>
<tr><td>转　账</td><td>现　金</td><td rowspan="2">出票行签章</td><td rowspan="2">出纳　　复核　　经办</td></tr>
<tr><td colspan="2">备注：</td></tr>
</table>

此联出票行结清本票时作借方凭证

表 S5-6

中国××银行进账单（贷方凭证）　**2**

2013 年 08 月 20 日　　　　第　　号

付款人	全　称	滨江亚麻厂			收款人	全　称	滨江机械厂							
	账　号	05160104000001				账　号	05160104000008							
	开户银行	北京顺至支行				开户银行	北京顺至支行							
人民币（大写）	肆仟捌佰元整				千	百	十	万	千	百	十	元	角	分
								¥	4	8	0	0	0	0
票据种类	本票		科目（贷） 对方科目（借） 转账日期　年　月　日 复核　记账											

此联由收款人开户银行作贷方凭证

表 S5-7

中国××银行

本　票　**2**

付款期限
贰 个 月

出票日期（大写）贰零壹叁年零捌月零贰拾日

收款人：滨江机械厂		申请人：滨江亚麻厂	
凭票即付	人民币（大写）肆仟捌佰元整		
转　账	现　金		
备注：		出票行签章	出纳　复核　经办

此联出票行结清本票时作借方凭证

表 S5-8

中国××银行进账单（贷方凭证）　**2**

2013 年 08 月 20 日　　　　第　　号

付款人	全　称	装饰公司			收款人	全　称	滨江亚麻厂							
	账　号	03261040000018				账　号	05160104000001							
	开户银行	北京滨江支行				开户银行	北京顺至支行							
人民币（大写）	叁万元整				千	百	十	万	千	百	十	元	角	分
							¥	3	0	0	0	0	0	0
票据种类	本票		科目（贷） 对方科目（借） 转账日期　年　月　日 复核　记账											

此联由收款人开户银行作贷方凭证

表 S5-9

中国××银行

本　票　2

付款期限
贰 个 月

出票日期（大写）贰零壹叁年零捌月零贰拾日

收款人：滨江亚麻厂		申请人：装饰公司	
凭票即付	人民币（大写）叁万元整		
转　账	现　金		
备注：		出票行签章	出纳　复核　经办

此联出票行结清本票时作借方凭证

表 S5-10

中国××银行（转账借方传票）

年　月　日

科目	（借）	对方科目	（贷）									
户名或账号	摘　要	金　额										
		千	百	十	万	千	百	十	元	角	分	

附单据　张

会计　出纳　复核　记账

表 S5-11

中国××银行

本　票（卡片）　1

付款期限
贰 个 月

出票日期（大写）贰零壹叁年零捌月零贰拾日

收款人：装饰公司		申请人：滨江亚麻厂	
凭票即付	人民币（大写）伍万元整		
转　账	现　金		
备注：		出票行签章	出纳　复核　经办

表 S5-12

中国××银行

本　票　**2**

付款期限
贰 个 月

出票日期（大写）贰零壹叁年零捌月零贰拾日

收款人：装饰公司		申请人：滨江亚麻厂	
凭票即付　人民币（大写）伍万元整			
转　账	现　金		
备注：		出票行签章	出纳　　复核　　经办

此联出票行结清本票时作借方凭证

表 S5-13

中国××银行（转账贷方传票）

年　　月　　日

科目	（贷）	对方科目	（借）

户名或账号	摘　　要	千	百	十	万	千	百	十	元	角	分

（金额栏位于“千”至“分”各列之上）

附单据　　张

会计　　　　出纳　　　　复核　　　　记账

[注意事项]

1. 代理付款行接到本行开立账户的持票人直接交来的本票和三联进账单时，应认真审核票据是否真实、是否超过提示付款期、与进账单上的内容是否一致等，确认无误后，第二联进账单作贷方入账凭证。

2. 出票行收到票据交换提入的本票时，应抽出专夹保管的本票卡片，经核对相符属于本行出票，以本票作借方凭证，本票卡片作附件进行转账。

实验六　银行汇票

[实验目的和要求]

1. 实验目的

了解银行汇票全部业务处理流程，熟悉银行汇票业务涉及的主要业务单式和凭证的各联次用途、传递过程，掌握签发行签发银行汇票初始受理、结清票款和汇款人要求退款的会计处理，掌握兑付行解付汇票的会计处理。

2. 实验要求

（1）根据资料填制各类业务凭证；

（2）对银行汇票业务进行处理，编写会计分录；

（3）根据传票登记相应账簿。

[关键知识点]

1. 银行汇票的特点和有关规定

（1）特点

银行汇票是出票银行签发的，由其在见票时按照实际结算金额无条件支付给收款人或者持票人的票据。

银行汇票使用范围广，单位、个体经济户和个人向异地支付各种款项都可以使用。其特点是灵活方便、票随人到、兑现性强、及时清账。

（2）有关规定

- 银行汇票的签发和解付，全国范围限于中国人民银行和各商业银行参加“全国联行往来”的银行机构办理
- 银行汇票一律记名
- 银行汇票的金额起点为 500 元
- 银行汇票的付款期为一个月，逾期后兑付行不予受理

2. 银行汇票的核算程序

银行汇票在异地和同城系统内使用，且以异地使用为主。这里介绍的主要是异地银行汇票核算程序，如图 S6-1 所示。

3. 银行汇票的核算

（1）签发行签发银行汇票的处理

①受理申请书的处理。

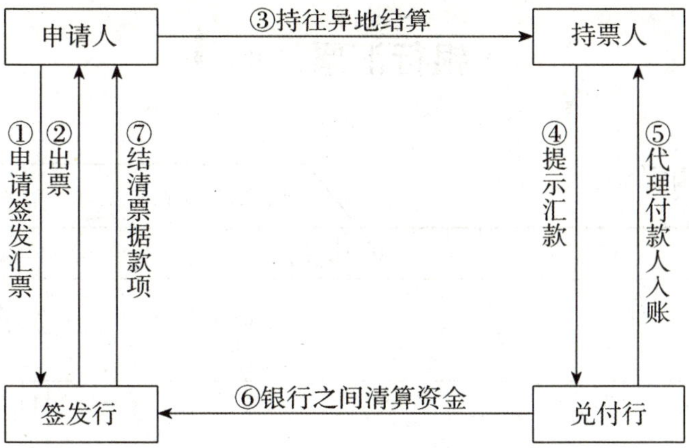

图 S6-1 异地银行汇票结算程序

第一步：审查。

营业柜台受理申请人提交的一式三联申请书时，应认真审查：

- 内容是否齐全、清晰
- 签章是否为预留银行的签章
- 金额大小写是否一致
- 现金银行汇票，申请人和收款人是否均为个人，是否交存现金
- 申请人要求汇票不得转让的，是否注明“不得转让”字样

第二步：受理。

- 将申请书第一联退申请人
- 以转账方式交付的，以第二联作借方记账凭证，以第三联作贷方记账凭证
- 以现金方式交付的，第二联注销，以第三联作贷方记账凭证，以“现金缴款单”第二联作附件

第三步：作会计分录。

借：活期存款——××申请人户（或库存现金）

　贷：汇出汇款

②签发银行汇票的处理。出票行办妥转账或收妥现金后，可根据申请书填写的内容签发汇票。银行汇票（见表 S6-1 至表 S6-5）一式四联，第一联：卡片；第二联：汇票；第三联：解讫通知；第四联：多余款收账通知。

表 S6-1

付款期
壹个月

××银行

银行汇票（卡片） 1

第　　号

出票日期（大写）　　年　　月　　日　　代理付款行：　　行号：

收款人：	账号：										
出票金额 人民币（大写）											
实际结算金额 人民币（大写）	千	百	十	万	千	百	十	元	角	分	

此联出票行结清汇票时作汇出款借方凭证

申请人：　　账号或住址：

出票行：

行　号：

备　注：

复核　　经办

多余金额										科目（借）
										对方科目（贷）
										兑付日期　年　月　日
										复核　　记账

表 S6-2

付款期
壹个月

××银行

银行汇票 2

第　　号

出票日期（大写）　　年　　月　　日　　代理付款行：　　行号：

收款人：	账号：										
汇款金额 人民币（大写）											
实际结算金额 人民币（大写）	千	百	十	万	千	百	十	元	角	分	

本汇票后和解讫通知一并由汇款人自带，兑付行兑付　此联作联行往账借方凭证

申请人：　　账号或住址：

出票行：

行　号：

备　注：

凭票付款

出票行盖章

多余金额										科目（借）
千	百	十	万	千	百	十	元	角	分	对方科目（贷）
										兑付日期　年　月　日
										复核　　记账

表 S6-3

	被背书人	被背书人	被背书人	贴粘单处
	背书人签章 年　月　日	背书人签章 年　月　日	背书人签章 年　月　日	

持票人向银行　　　　　　　　　身份证件名称：
提示付款签章：　　　　　　　　号　　码：
发证机关：

表 S6-4

付款期
壹个月

××银行
银行汇票（解讫通知）**3**

第　　号

出票日期（大写）　年　　月　　日　　　代理付款行：　　　行号：

收款人：	账号：	
汇款金额	人民币（大写）	
实际结算金额	人民币（大写）	千百十万千百十元角分

申请人：＿＿＿＿＿＿　　账号或住址：＿＿＿＿＿＿
出票行：＿＿＿＿＿＿
行　号：＿＿＿＿＿＿
备　注：＿＿＿＿＿＿
代理付款行盖章

多余金额	科目（贷）＿＿＿＿
千百十万千百十元角分	对方科目（借）＿＿＿＿
	转账日期　年　月　日
	复核　　记账

复核　　　　经办

此联由签发行作多余款贷方凭证，兑付行兑付后随报单寄签发行

表 S6-5

付款期
壹个月

××银行
银行汇票（多余款收账通知）**4**

第　　号

出票日期（大写）　年　　月　　日　　　代理付款行：　　　行号：

收款人：	账号：	
出票金额	人民币（大写）	
实际结算金额	人民币（大写）	千百十万千百十元角分

申请人：＿＿＿＿＿＿　　账号或住址：＿＿＿＿＿＿
出票行：＿＿＿＿＿＿
行　号：＿＿＿＿＿＿
备　注：＿＿＿＿＿＿
出票行盖章

多余金额
千百十万千百十元角分

左列退回多余金额已收入你账户内
财务主管　　复核　　记账

年　　月　　日

此联出票行结算多余款后交申请人

填写的汇票经复核无误后，应该：

- 在第一、二联“实际结算金额”栏的小写金额上端用压数机压印出票金额
- 在第二、三、四联“多余金额”栏上方加编密押
- 在第二联加盖汇票专用章并由授权的经办人签名或盖章
- 将第二、三联交给申请人
- 在第一联加盖经办、复核人名章，并逐笔登记“汇出汇款登记簿”，连同第四联一并专夹保管
- 登记“重要空白凭证登记簿”填制表外付出凭证，登记表外科目明细账

（2）兑付行解付汇票的处理

兑付行接到持票人（或被背书人）交来的汇票、解讫通知（汇票第二、三联）和三联进账单时，应该审查后分情况处理

第一步：审查

- 汇票和解讫通知是否同时提交，其号码和记载的内容是否一致
- 汇票上有无全国联行专用章，密押是否正确
- 汇票上的收款人或背书人名称是否为该收款人，与进账单上户名是否相符
- 压数机压印的金额是否由统一制作的压数机压印，与大写的汇票金额是否一致
- 汇票是否真实，填写是否符合要求，内容有无涂改，付款期是否超过，收款或背书人是否在汇票背面盖章
- 汇票实际结算金额是否在汇票金额以内，与进账单金额是否一致，多余金额结算是否正确
- 接到未在银行开立存款账户的个人交来的汇票和解讫通知时，还必须审查收款人身份证或兑付地有关单位出具的足以证实收款人身份的证明，并在汇票上背书，注明证件名称、号码及发证机关

第二步：分不同情况作如下处理。

① 持票人在本行开户的处理。

经办行以第二联进账单作贷方记账凭证，向出票行划付款项，汇票第二、三联作借方记账凭证附件，其会计分录为：

借：联行往账

　贷：活期存款——持票人户

第一联进账单加盖“转讫章”作收账通知交给持票人。

②出票人不在本行开户的处理。

先将款项转入“应解汇款及临时存款”科目，填制一联特种转账贷方传票，办理转账，其会计分录为：

借：联行往账

　贷：应解汇款及临时存款——持票人户

转账后，填制邮划借方报单，在汇票第三联解讫通知上加盖转讫章，与联行报单一起寄往签发行。

兑付行将汇入的款项转入“应解汇款及临时存款”科目后，取款人可以将汇款一次提取，也可以分期提取。如收款人需转账支取时，应填制有关付款（贷方传票）凭证，其会计分录为：

借：应解汇款及临时存款——持票人户

　贷：××存款——收款人户

如收款人需要支取现金，符合规定的可一次办理付款手续；未填明“现金”字样，需要支取现金的，由兑付银行按照现金管理规定审查支付，另填制特种转账贷方传票和现金付出传票各一联，办理转账和支付现金，其会计分录为：

借：应解汇款及临时存款——持票人户

　贷：库存现金

收款人需要转汇的，应重新办理信、电汇或签发汇票，其收款人和用途必须是原收款人和用途，并加盖“转汇”字样；原汇票上填明“现金”字样的，转汇时，在信、电汇凭证或汇票上可照填“现金”字样。

使用信、电汇转汇，由收款人填制信、电汇凭证，银行另填制一联特种转账贷方传票，第二联信、电汇凭证代借方传票，其会计分录为：

借：应解汇款及临时存款——持票人户

　贷：联行往账

（3）签发行结清票款的处理

签发行收到兑付行寄来的联行借方报单及解讫通知联时，抽出专夹保管的汇出汇款卡片（汇票第一联），经核对确属本行签发，联行借方报单与实际结算金额相符，多余款结计正确无误，则分不同情况作如下处理：

①汇款额全额解付的核算。

汇款额全额解付时，应在汇出汇款卡片的实际结算金额栏内填写全部金额，以汇出汇款卡片代借方传票，在多余款收账通知（汇票第四联）的多余金额栏内填写“0”，连同汇款解讫通知作转账借方传票的附件，其会计分录为：

借：汇出汇款

　贷：联行来账

同时销记汇出汇款账户。

②汇款多余的核算。

汇款多余时，应在汇出汇款卡片和多余款收账通知上填写实际结算金额，以汇款解讫通知代多余款贷方传票，汇出汇款卡片代借方传票，其会计分录为：

借：汇出汇款

　贷：联行来账

　　活期存款——申请人户

同时，销记汇出汇款账户。在多余款收账通知的多余金额栏内填写多余金额，加盖转讫章，退给申请人。

③原申请人未在银行开立存款账户。

如果汇款人未在银行开立存款账户，则应将多余款先转入“其他应付款”科目，其会计分录为：

借：汇出汇款

　贷：联行来账

　　其他应付款——申请人户

以便条通知汇款人来行领取，领取时作如下会计分录：

借：其他应付款——申请人户

　贷：库存现金

[实验内容]

中国惠通银行北京顺至支行2013年8月20日发生如下经济业务：

（1）滨江亚麻厂提交汇票委托书申请签发收款人为在中国惠通银行杭州金华支行开户的杭州锦华贸易公司，金额为80 000元的银行汇票（所用单式见表S6-6、表S6-7、表S6-8、表S6-9、表S6-10、表S6-11、表S6-12和表S1-2）。

（2）滨江机械厂交来银行汇票第二、三联及三联进账单，出票及结算金额均为60 000元，付款人为在中国惠通银行杭州金华支行开户的杭州锦华贸易公司（所用单式见表S6-13、表S6-14、表S6-15、表S6-16、表S6-17、表S6-18、表S6-19、表S6-20、表S6-21、表S6-22和表S1-2）。

（3）收到中国惠通银行杭州金华支行寄来的联行借方报单及解讫通知，出票及结算金额均为70 000元，结清滨江亚麻厂8月11日申请签发的收款人为杭州电机厂的银行汇票（所用单式见表S6-23、表S6-24、表S6-25、表S6-26、表S6-27、表S6-28和表S1-3）。

[实验材料]

银行汇票委托书、银行汇票及进账单、邮划借方报单、转账借方传票、转账贷方传票。

表S6-6

中国××银行**汇票**委托书（存根） **1**

第　　号

委托日期 2013年08月20日

<table>
<tr><td>汇款人</td><td colspan="3">滨江亚麻厂</td><td>收款人</td><td colspan="2">杭州锦华贸易公司</td></tr>
<tr><td>账号或住址</td><td colspan="3">05160104000001</td><td>账号或住址</td><td colspan="2">04201040000088</td></tr>
<tr><td>兑付地点</td><td>省 北京 市/县</td><td>兑付行</td><td></td><td>汇款用途</td><td colspan="2">货款</td></tr>
<tr><td rowspan="2">汇款金额</td><td colspan="5" rowspan="2">人民币（大写） 捌万元整</td><td>千 百 十 万 千 百 十 元 角 分</td></tr>
<tr><td>¥ 8 0 0 0 0 0 0</td></tr>
</table>

此联由汇款人留作记账凭证

备注：

科目

对方科目

财务主管　　复核　　记账

表 S6-7

中国××银行汇票委托书（借方凭证）2

第　　号

委托日期 2013 年 08 月 20 日

汇款人	滨江亚麻厂		收款人	杭州锦华贸易公司
账号或住址	05160104000001		账号或住址	04201040000088
兑付地点	省 北京 市/县	兑付行	汇款用途	贷款

汇款金额	人民币（大写）	千	百	十	万	千	百	十	元	角	分
	捌万元整			¥	8	0	0	0	0	0	0

上列款项请在我账户内支付

（汇款人盖章）

科目（借）

对方科目（贷）

转账日期　　年　　月　　日

复核　　　　记账

此联是签发行办理汇票的借方凭证

表 S6-8

中国××银行汇票委托书（贷方凭证）3

第　　号

委托日期 2013 年 08 月 20 日

汇款人	滨江亚麻厂		收款人	杭州锦华贸易公司
账号或住址	05160104000001		账号或住址	04201040000088
兑付地点	省 北京 市/县	兑付行	汇款用途	贷款

汇款金额	人民币（大写）	千	百	十	万	千	百	十	元	角	分
	捌万元整			¥	8	0	0	0	0	0	0

备注：

科目（贷）

对方科目（借）

转账日期　　年　　月　　日

复核　　　　记账　　　　出纳

此联签发行作汇出汇款贷方凭证

表 S6-9

付款期
壹个月

××银行

银行汇票（卡片） 1

第　　号

出票日期（大写）　　年　　月　　日　　　代理付款行：　　　　行号：

收款人：		账号：									
出票金额	人民币（大写）										
实际结算金额	人民币（大写）	千	百	十	万	千	百	十	元	角	分

申请人：＿＿＿＿＿＿　　账号或住址：＿＿＿＿＿＿

出票行：＿＿＿＿＿＿

行　号：＿＿＿＿＿＿

备　注：＿＿＿＿＿＿

复核　　经办

多余金额									科目（借）＿＿＿＿
									对方科目（贷）＿＿＿＿
									兑付日期　年　月　日
									复核　　记账

此联出票行结清汇票时作汇出款借方凭证

表 S6-10

付款期
壹个月

××银行

银行汇票 2

第　　号

出票日期（大写）　　年　　月　　日　　　代理付款行：　　　　行号：

收款人：		账号：									
汇款金额	人民币（大写）										
实际结算金额	人民币（大写）	千	百	十	万	千	百	十	元	角	分

申请人：＿＿＿＿＿＿　　账号或住址：＿＿＿＿＿＿

出票行：＿＿＿＿＿＿

行　号：＿＿＿＿＿＿

备　注：＿＿＿＿＿＿

凭票付款

出票行盖章

多余金额									科目（借）＿＿＿＿
									对方科目（贷）＿＿＿＿
百	十	万	千	百	十	元	角	分	兑付日期　年　月　日
									复核　　记账

本汇票和解讫通知一并由汇款人自带，兑付行兑付汇票后此联作联行往账借方凭证

表 S6-11

付款期 壹个月

××银行

银行汇票（解讫通知） **3**

第　　号

出票日期（大写）　　年　　月　　日

代理付款行：	行号：
收款人：	账号：
汇款金额 人民币（大写）	
实际结算金额 人民币（大写）	千 百 十 万 千 百 十 元 角 分

申请人：＿＿＿＿　账号或住址：＿＿＿＿

出票行：＿＿＿＿

行　号：＿＿＿＿

备　注：＿＿＿＿

代理付款行盖章

复核　　　经办

多余金额									科目（贷）…………
百	十	万	千	百	十	元	角	分	对方科目（借）…………
									转账日期　年　月　日
									复核　　　记账

此联兑付行兑付后随报单寄签发行，由签发行作多余款贷方凭证

表 S6-12

付款期 壹个月

××银行

银行汇票（多余款收账通知） **4**

第　　号

出票日期（大写）　　年　　月　　日

代理付款行：	行号：
收款人：	账号：
出票金额 人民币（大写）	
实际结算金额 人民币（大写）	千 百 十 万 千 百 十 元 角 分

申请人：＿＿＿＿　账号或住址：＿＿＿＿

出票行：＿＿＿＿

行　号：＿＿＿＿

备　注：＿＿＿＿

出票行签章

年　　月　　日

多余金额								
百	十	万	千	百	十	元	角	分

左列退回多余金额已收入你账户内

财务主管　　复核　　经办

此联出票行结清多余款后交申请人

表 S6-13

付款期
壹个月

××银行
银行汇票 2

第　　号

出票日期（大写）：贰零壹叁年零捌月零贰拾日　　代理付款行：　　行号：

收款人：滨江机械厂	账号：05160104000008
汇款金额 人民币（大写）陆万元整	
实际结算金额 人民币（大写）陆万元整	

千	百	十	万	千	百	十	元	角	分
		¥	6	0	0	0	0	0	0

申请人：杭州锦华贸易公司　　账号或住址：04201040000088

出票行：中国惠通银行杭州金华支行

行　号：0420

备　注：贷款

凭票付款

出票行盖章

多余金额								
百	十	万	千	百	十	元	角	分

科目（借）

对方科目（贷）

兑付日期　　年　　月　　日

复核　　记账

本汇票和解讫通知一并由汇款人自带，兑付行兑付汇票后此联作联行往账借方凭证

表 S6-14

付款期
壹个月

××银行
银行汇票（解讫通知） 3

第　　号

出票日期（大写）：贰零壹叁年零捌月零贰拾日　　代理付款行：　　行号：

收款人：滨江机械厂	账号：05160104000008
汇款金额 人民币（大写）陆万元整	
实际结算金额 人民币（大写）陆万元整	

千	百	十	万	千	百	十	元	角	分
		¥	6	0	0	0	0	0	0

申请人：杭州锦华贸易公司　　账号或住址：04201040000088

出票行：中国惠通银行杭州金华支行

行　号：0420

备　注：贷款

代理付款行盖章

复核　　经办

多余金额								
百	十	万	千	百	十	元	角	分

科目（贷）

对方科目（借）

转账日期　　年　　月　　日

复核　　记账

此联兑付行兑付后随报单寄签发行，由签发行作多余款贷方凭证

表 S6-15

中国××银行进账单（回单）　1

2013 年 08 月 20 日　　　　第　　号

付款人	全称	杭州锦华贸易公司				收款人	全称	滨江机械厂			
	账号	04201040000088					账号	05160104000008			
	开户银行	杭州金华支行					开户银行	北京顺至支行			

		千	百	十	万	千	百	十	元	角	分
人民币（大写）	陆万元整			¥	6	0	0	0	0	0	0
票据种类	银行汇票	收款人开户行盖章									
票据张数	2										
单位主管　会计　复核　记账											

此联是收款人开户银行交给收款人的回单

此回单不作收款人收据，凭此联付货无效

表 S6-16

中国××银行进账单（贷方凭证）　2

2013 年 08 月 20 日　　　　第　　号

付款人	全称	杭州锦华贸易公司	收款人	全称	滨江机械厂
	账号	04201040000088		账号	05160104000008
	开户银行	杭州金华支行		开户银行	北京顺至支行

		千	百	十	万	千	百	十	元	角	分
人民币（大写）	陆万元整			¥	6	0	0	0	0	0	0
票据种类	银行汇票	科目（贷） 对方科目（借） 转账日期　年　月　日 复核　记账									
票据张数	2										
单位主管　会计　复核　记账											

此联由收款人开户银行作贷方凭证

表 S6-17

中国××银行进账单（收账通知）　3

2013 年 08 月 20 日　　　　第　　号

付款人	全称	杭州锦华贸易公司	收款人	全称	滨江机械厂
	账号	04201040000088		账号	05160104000008
	开户银行	杭州金华支行		开户银行	北京顺至支行

		千	百	十	万	千	百	十	元	角	分
人民币（大写）	陆万元整			¥	6	0	0	0	0	0	0
票据种类	银行汇票	收款人开户行盖章									
票据张数	2										
单位主管　会计　复核　记账											

此联是收款人开户银行交给收款人的

收账通知

表 S6-18　　中国××银行**邮划**借方报单　（来账卡片）　**1**

发报行	行号		编制　年　月　日	收报行	行号		号码
	行名				行名		

付款人账号或名称	收款人账号或名称	千	百	十	万	千	百	十	元	角	分	合计金额	亿	千	百	十	万	千	百	十	元	角	分
												事由：											
												附件：											

备注：	发报行 （发报行联行专用章）	收报行 核对印鉴　核押 复核　记账 转账日期　年　月　日

此联寄收报行转账后代清算资金往来卡片账

表 S6-19　　中国××银行**邮划**借方报单　（来账报告卡）　**2**

发报行	行号		编制　年　月　日	收报行	行号		号码
	行名				行名		

付款人账号或名称	收款人账号或名称	千	百	十	万	千	百	十	元	角	分	合计金额	亿	千	百	十	万	千	百	十	元	角	分
												事由：											
												附件：											

发报行联行专用章

此联由收报行随来账报告表寄管辖分行

表 S6-20　　中国××银行**邮划**借方报单　（往账报告卡）　**3**

发报行	行号		编制　年　月　日	收报行	行号		号码
	行名				行名		

付款人账号或名称	收款人账号或名称	千	百	十	万	千	百	十	元	角	分	合计金额	亿	千	百	十	万	千	百	十	元	角	分
												事由：											
												附件：											

备注：

此联由发报行随往账报告表寄管辖分行

表 S6-21　　中国××银行**邮划**借方报单　（往账卡片）　**4**

发报行	行号		编制　年　月　日	收报行	行号		号码	
	行名				行名			

付款人账号或名称	收款人账号或名称	千	百	十	万	千	百	十	元	角	分	合计金额	亿	千	百	十	万	千	百	十	元	角	分
												事由：											
												附件：											
备注：												发报行	编制　　复核										

此联发报行留存代清算资金往来卡片账

表 S6-22　　**中国××银行（转账借方传票）**

年　月　日

传票编号	

科目	（借）		对方科目	（贷）

户名或账号	摘　要	金额 千	百	十	万	千	百	十	元	角	分

附单据　　张

会计　　出纳　　复核　　记账

表 S6-23　　中国××银行**邮划**借方报单　（来账卡片）　**1**

发报行	行号	0420	编制 2013 年 08 月 16 日	收报行	行号	0516	号码	
	行名	杭州金华支行			行名	北京顺至支行		

付款人账号或名称	收款人账号或名称	千	百	十	万	千	百	十	元	角	分	合计金额	亿	千	百	十	万	千	百	十	元	角	分
滨江亚麻厂	杭州电机厂			¥	7	0	0	0	0	0	0					¥	7	0	0	0	0	0	0
												事由：结清银行汇票款											
												附件：银行汇票											

备注：	发报行	（发报行联行专用章）	收报行	核对印鉴　核押 复核　记账 转账日期　年　月　日

此联寄收报行转账后代算资金往来卡片账清

表 S6-24

中国××银行邮划借方报单（来账报告卡） 2

发报行	行号	0420	编制 2013 年 08 月 16 日	收报行	行号	0516	号码
	行名	杭州金华支行			行名	北京顺至支行	

付款人账号或名称	收款人账号或名称	千	百	十	万	千	百	十	元	角	分	合计金额	亿	千	百	十	万	千	百	十	元	角	分
滨江亚麻厂	杭州电机厂			¥	7	0	0	0	0	0	0					¥	7	0	0	0	0	0	0
												事由：结清银行汇票款											
												附件：银行汇票											

发报行联行专用章

此联由收报行随来账报告表寄管辖分行

表 S6-25

付款期 壹个月

××银行

银行汇票（卡片） 1

第　　号

出票日期（大写） 贰零壹叁年零捌月壹拾壹日　　代理付款行：　　行号：

收款人：杭州电机厂	账号：04201040000058										
出票金额 人民币（大写） 柒万元整											
实际结算金额 人民币（大写） 柒万元整		千	百	十	万	千	百	十	元	角	分
				¥	7	0	0	0	0	0	0

申请人：滨江亚麻厂　　账号或住址：05160104000001

出票行：中国惠通银行北京顺至支行

行　号：0516

备　注：贷款

多余金额									科目（借）
百	十	万	千	百	十	元	角	分	对方科目（贷）
									兑付日期　　年　　月　　日
									复核　　记账

复核　　经办

此联出票行结清汇票时作汇出汇款借方凭证

表 S6-26

付款期
壹个月

××银行

银行汇票（解讫通知）　**3**

第　　号

出票日期（大写）贰零壹叁年零捌月壹拾壹日　代理付款行：　行号：

收款人：杭州电机厂　账号：04201040000058										
汇款金额 人民币（大写）柒万元整										
实际结算金额 人民币（大写）柒万元整	千	百	十	万	千	百	十	元	角	分
			¥	7	0	0	0	0	0	0

申请人：滨江亚麻厂　账号或住址：05160104000001

出票行：中国惠通银行北京顺至支行

行　号：0516

备　注：货款

代理付款行盖章

复核　　经办

多余金额								
百	十	万	千	百	十	元	角	分

科目（贷）活期存款

对方科目（借）清算资金往来

——电子汇划款账户

转账日期 2013 年 08 月 16 日

复核　　记账

此联兑付行兑付后随报单寄签发行，由签发行作多余款贷方凭证

表 S6-27

付款期
壹个月

××银行

银行汇票（多余款收账通知）　**4**

第　　号

出票日期（大写）贰零壹叁年零捌月壹拾壹日　代理付款行：　行号：

收款人：杭州电机厂　账号：04201040000058										
出票金额 人民币（大写）柒万元整										
实际结算金额 人民币（大写）柒万元整	千	百	十	万	千	百	十	元	角	分
			¥	7	0	0	0	0	0	0

申请人：滨江亚麻厂　账号或住址：05160104000001

出票行：中国惠通银行北京顺至支行

行　号：0516

备　注：货款

出票行签章

年　　月　　日

多余金额								
百	十	万	千	百	十	元	角	分

左列退回多余金额已收入你账户内

财务主管　　复核　　经办

此联出票行结清多余款后交申请人

表 S6-28

中国××银行（转账贷方传票）

年　　月　　日

传票编号	

科目	（贷）		对方科目	（借）									
户名或账号		摘　　要	金　　额										附单据　张
			千	百	十	万	千	百	十	元	角	分	

会计　　　　出纳　　　　复核　　　　记账

［注意事项］

1. 对实验内容有所了解。
2. 实验材料齐全。
3. 认真、准确、完整地填制各种业务单式。
4. 按照教师指挥进行及时准确的分发与传递，杜绝错发、漏发。
5. 妥善保管会计凭证，杜绝丢失与损毁。

实验七　商业承兑汇票

[实验目的和要求]

1. 实验目的

了解商业承兑汇票到期委托收款全部业务处理流程，熟悉商业承兑汇票业务涉及的主要业务单式和凭证的各联次用途、传递过程，掌握持票人开户行初始受理委托收款、收到划回票款的会计处理，掌握付款人开户行收到汇票办理划转票款的会计处理。

2. 实验要求

（1）根据业务资料填制各类业务凭证；

（2）对每笔商业承兑汇票业务进行处理，编写会计分录；

（3）登记相关分户账、余额表；

（4）填制科目日结单、总账、日计表，平衡账务。

[关键知识点]

1. 商业承兑汇票的特点和有关规定

（1）商业承兑汇票的特点

- 商业承兑汇票是出票人签发的，以付款人为承兑人，到期日无条件支付确定的金额给收款人或者持票人的票据
- 商业承兑汇票属商业信用形式。其特点是期限灵活、使用方便、可向银行申请贴现
- 商业承兑汇票到期可能遭到拒付或无款支付，因此持票人要面临一定风险

（2）商业承兑汇票的有关规定

- 商业承兑汇票在同城和异地均可使用，企业持未到期的商业承兑汇票可向开户银行申请贴现
- 商业承兑汇票的出票人为在银行开立账户的法人以及其他组织，与付款人具有真实的委托付款关系，具有支付汇票金额的可靠资金来源
- 付款期限最长不得超过 6 个月

2. 商业承兑汇票的核算程序

商业承兑汇票可以在同城和异地系统内使用。这里介绍的主要是异地商业承兑汇票核算程序，如图 S7-1 所示。

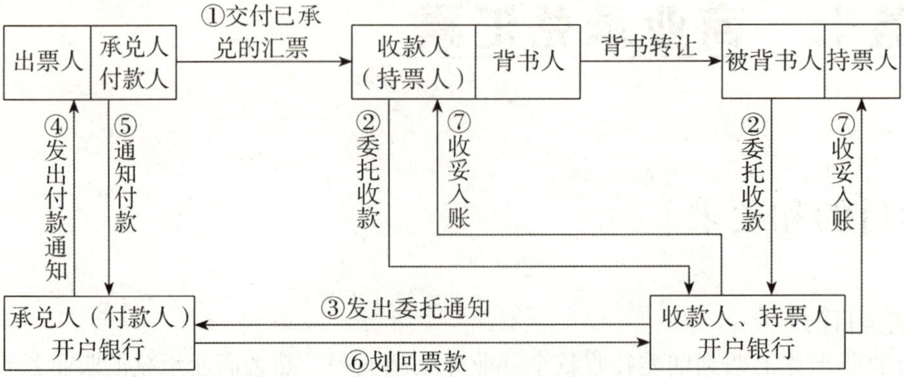

图 S7-1 异地商业承兑汇票的核算程序

3. 商业承兑汇票的核算

（1）持票人开户行受理汇票到期委托收款

第一步：审查。

营业柜台受理持票人提交的一式五联托收凭证及商业承兑汇票时，应认真审查：

- 汇票上填明的持票人是否在本行开户
- 汇票、托收凭证记载事项是否齐全，二者是否相符
- 汇票是否即将到期，提示付款期限是否超过

第二步：受理。

- 将托收凭证加盖业务公章作回单给持票人
- 根据第二联托收凭证登记“发出托收凭证结算登记簿”后，专夹保管
- 第三联加盖带有联行行号的结算专用章，连同第四、五联托收凭证和商业承兑汇票邮寄付款人开户行

（2）承兑人开户行收到汇票的处理

承兑人开户行收到持票人开户行邮寄来的托收凭证及汇票时，应该：

第一步：处理相关凭证并通知付款人付款。

- 付款人确在本行开户，承兑人在汇票上的签章与预留银行的签章相符
- 将第五联托收凭证交给付款人并签收
- 根据第三、四联托收凭证登记“收到托收凭证结算登记簿”

第二步：划回票款或退回凭证的处理。

①付款人银行账户足额支付的，经办行以第三联托收凭证作借方凭证，汇票加盖转讫章作附件，销记“收到托收凭证登记簿”。第四联托收结算凭证加盖业务公章随联行报单寄持票人开户行。其会计分录为：

借：活期存款——付款人账户

　贷：联行往账

②付款人银行账户不足支付的，经办行应填制三联付款人未付票款通知书，在托收凭证备注栏目注明“付款人无款支付”字样。将一联通知书和第三联托收凭证留存备查。将第二、三联通知书连同第四联托收凭证及汇票邮寄持票人开户行转交持票人。

③付款人拒绝付款的，收到付款人拒绝付款证明后，在托收凭证和收到托收凭证登记簿备注栏注明“拒绝付款”字样。然后，将拒付证明连同托收凭证及汇票一起邮寄持票人开户行转交持票人。

（3）持票人开户行收到划回票款或退回凭证的处理

①收到划回票款。

持票人开户行接到付款人开户行寄来的联行报单和托收凭证，应将留存的第二联托收凭证抽出核对。经核对无误后，在第二联托收凭证上填注转账日期作贷方凭证。其会计分录为：

借：联行来账

　贷：活期存款——持票人户

②收到退回凭证。

如持票人开户行接到付款人开户行发来的付款人未付票款通知书或付款人拒绝付款证明和汇票以及托收凭证，经核对无误，应在原专夹保管的第二联托收凭证和发出托收凭证登记簿上相应记载后，将托收凭证、未付票款通知书或拒绝付款证明及汇票退给持票人，并由持票人签收。

[实验内容]

1. 作为收款人开户行的处理

（1）8 月 20 日，中国惠通银行北京顺至支行开户单位滨江亚麻厂持一张即将到期的商业承兑汇票，办理委托收款。该汇票显示：到期日为 8 月 20 日，出票金额 2 000 元，由杭州锦华贸易公司（杭州锦华贸易公司在中国惠通银行杭州金华支行开户）签发并承兑，收款人为滨江亚麻厂，审核无误后银行予以受理。将托收凭证第一联签章后退交滨江亚麻厂，第二联专夹保管，第三、四、五联随商业承兑汇票寄发中国惠通银行杭州金华支行（所用单式见表 S7-1、表 S7-2、表 S7-3、表 S7-4、表 S7-5、表 S7-6）。

（2）8 月 20 日，收到系统内杭州金华支行寄来的邮划贷方报单第一、二联及托收凭证第四联，系滨江亚麻厂于 8 月 16 日委托本行收取的商业承兑汇票款项，金额为 1 800 元。取出专夹保管的托收凭证第二联作为贷方凭证，为滨江亚麻厂办理入账手续，并据以登记滨江亚麻厂活期存款分户账（所用单式见表 S7-7、表 S7-8、表 S7-9、表 S7-10）。

2. 作为承兑人开户行的处理

（1）8 月 20 日，北京顺至支行收到系统内杭州金华支行发来的托收凭证及商业承兑汇票，承兑人为本行开户单位滨江机械厂，收款人为杭州金华支行开户单位杭州第一建筑工程公司，汇票金额为 3 000 元，审核无误后予以办理。

（2）滨江机械厂确认付款，以托收凭证第三联作为借方凭证，办理划转票款手续，并据以登记滨江机械厂的活期存款分户账。

（3）填发邮划贷方报单，报单第三、四联留存，第一、二联随托收凭证第四联寄发杭州金华支行（所用单式见表 S7-11、表 S7-12、表 S7-13、表 S7-14、表 S7-15、表 S7-16、表 S7-17、表 S7-18、表 S7-19）。

［实验材料］

商业承兑汇票、邮划贷方报单、转账借方传票、转账贷方传票、托收凭证。

表 S7-1

商业承兑汇票　2

汇票号码

出票日期（大写）贰零壹叁年零贰月零贰拾日　　第　　号

<table>
<tr><td rowspan="3">付款人</td><td>全　称</td><td colspan="3">杭州锦华贸易公司</td><td rowspan="3">收款人</td><td>全　称</td><td colspan="3">滨江亚麻厂</td></tr>
<tr><td>账　号</td><td colspan="3">04201040000088</td><td>账　号</td><td colspan="3">05160104000001</td></tr>
<tr><td>开户银行</td><td>杭州金华支行</td><td>行号</td><td>0420</td><td>开户银行</td><td>北京顺至支行</td><td>行号</td><td>0516</td></tr>
<tr><td colspan="2">出票金额</td><td colspan="6">人民币（大写）贰仟元整</td><td colspan="2">千 百 十 万 千 百 十 元 角 分
¥ 2 0 0 0 0 0</td></tr>
<tr><td colspan="2">汇票到期日</td><td colspan="3">2013 年 8 月 20 日</td><td colspan="3">交易合同号码</td><td colspan="2">02011</td></tr>
<tr><td colspan="5">本汇票已经承兑，到期无条件支付票款

承兑人签章
承兑日期　　年　　月　　日</td><td colspan="5">本汇票请予以承兑于到期日付款

出票人签章</td></tr>
</table>

此联持票人开户行随委托收款凭证寄付款人开户行作借方凭证附件

表 S7-2

委邮

托收凭证（受理回单）　1

委托号码

委托日期 2013 年 08 月 20 日

<table>
<tr><td rowspan="3">付款人</td><td>全　称</td><td colspan="3">杭州锦华贸易公司</td><td rowspan="3">收款人</td><td>全　称</td><td colspan="3">滨江亚麻厂</td></tr>
<tr><td>账号或地址</td><td colspan="3">04201040000088</td><td>账　号</td><td colspan="3">05160104000001</td></tr>
<tr><td>开户银行</td><td colspan="3">杭州金华支行</td><td>开户银行</td><td>北京顺至支行</td><td>行号</td><td>0516</td></tr>
<tr><td>委收金额</td><td colspan="7">人民币（大写）贰仟元整</td><td colspan="2">千 百 十 万 千 百 十 元 角 分
¥ 2 0 0 0 0 0</td></tr>
<tr><td>款项内容</td><td colspan="2">货款</td><td>委托收款凭据名称</td><td colspan="2">商业承兑汇票</td><td>附寄单证张数</td><td colspan="3">1</td></tr>
<tr><td colspan="2">备注：</td><td colspan="4">款项收妥日期　　年　　月　　日</td><td colspan="4">收款人开户银行盖章

年　　月　　日</td></tr>
</table>

此联作收款人开户银行给收款人的受理回单

单位主管　　会计　　复核　　记账

表 S7-3

委邮

托收凭证（贷方凭证）　2　　委托号码

委托日期 2013 年 08 月 20 日

<table>
<tr><td rowspan="3">付款人</td><td>全　称</td><td>杭州锦华贸易公司</td><td rowspan="3">收款人</td><td>全　称</td><td colspan="3">滨江亚麻厂</td></tr>
<tr><td>账号或地址</td><td>04201040000088</td><td>账　号</td><td colspan="3">05160104000001</td></tr>
<tr><td>开户银行</td><td>杭州金华支行</td><td>开户银行</td><td>北京顺至支行</td><td>行号</td><td>0516</td></tr>
<tr><td>委收金额</td><td colspan="5">人民币（大写）贰仟元整</td><td colspan="2">千 百 十 万 千 百 十 元 角 分
¥ 2 0 0 0 0 0</td></tr>
<tr><td>款项内容</td><td>贷款</td><td>委托收款凭据名称</td><td colspan="2">商业承兑汇票</td><td>附寄单证张数</td><td colspan="2">1</td></tr>
<tr><td colspan="2">备注：</td><td colspan="3">上列委托收款随附有关单证请予办理收款

收款人签章</td><td colspan="3">科目（贷）
对方科目（借）
转账　年　月　日
复核　记账</td></tr>
</table>

付款人开户银行收到日期　年　月　日

此联付款人开户银行作贷方凭证

表 S7-4

委邮

托收凭证（借方凭证）　3　　委托号码

委托日期 2013 年 08 月 20 日

<table>
<tr><td rowspan="3">付款人</td><td>全　称</td><td>杭州锦华贸易公司</td><td rowspan="3">收款人</td><td>全　称</td><td colspan="3">滨江亚麻厂</td></tr>
<tr><td>账号或地址</td><td>04201040000088</td><td>账　号</td><td colspan="3">05160104000001</td></tr>
<tr><td>开户银行</td><td>杭州金华支行</td><td>开户银行</td><td>北京顺至支行</td><td>行号</td><td>0516</td></tr>
<tr><td>委收金额</td><td colspan="5">人民币（大写）贰仟元整</td><td colspan="2">千 百 十 万 千 百 十 元 角 分
¥ 2 0 0 0 0 0</td></tr>
<tr><td>款项内容</td><td>贷款</td><td>委托收款凭据名称</td><td colspan="2">商业承兑汇票</td><td>附寄单证张数</td><td colspan="2">1</td></tr>
<tr><td colspan="2">备注：</td><td colspan="3">收款人开户银行盖章

年　月　日</td><td colspan="3">科目（借）
对方科目（贷）
转账　年　月　日
复核　记账</td></tr>
</table>

付款人开户银行收到日期　年　月　日

此联付款人开户银行作借方凭证

表 S7-5

委邮

托收凭证（收账通知） **4**

委托日期 2013 年 08 月 20 日

委托号码

付款期限　　月　　日

付款人	全　称	杭州锦华贸易公司	收款人	全　称	滨江亚麻厂		
	账号或地址	04201040000088		账　号	05160104000001		
	开户银行	杭州金华支行		开户银行	北京顺至支行	行号	0516
委收金额	人民币（大写）贰仟元整				千百十万千百十元角分	￥200000	
款项内容	货款	委托收款凭据名称	商业承兑汇票	附寄单证张数	1		
备注：			上列款项： 1. 已全部划回收入你方账户 2. 已收回部分款项收入你方账户 3. 全部未收到 收款人开户行盖章 年　月　日				

此联付款人开户银行凭以汇款或收款人开户银行作收账通知

单位主管　　会计　　复核　　记账　　付款人开户银行收到日期　　年　　月　　日

支付日期　　年　　月　　日

表 S7-6

委邮

托收凭证（付款通知） **5**

委托日期 2013 年 08 月 20 日

委托号码

付款期限　　月　　日

付款人	全　称	杭州锦华贸易公司	收款人	全　称	滨江亚麻厂		
	账号或地址	04201040000088		账　号	05160104000001		
	开户银行	杭州金华支行		开户银行	北京顺至支行	行号	0516
委收金额	人民币（大写）贰仟元整				千百十万千百十元角分	￥200000	
款项内容	货款	委托收款凭据名称	商业承兑汇票	附寄单证张数	1		
备注：	付款人注意： 1. 根据结算办法，上列委托收款，如在付款期限内未拒付时，即视同全部同意付款，以此联代付款通知 2. 如需提前付款或多付款时，应在付款期限内另填拒绝付款理由书送银行办理 3. 如系全部或部分拒付，应在付款期限内另填拒绝付款理由书送银行办理						

此联付款人开户银行给付款人按期付款通知

单位主管　　会计　　复核　　记账　　付款人开户银行盖章　　年　　月　　日

表 S7-7　　中国××银行**邮划**贷方报单　　（来账卡片）　**1**

<table>
<tr><td rowspan="2">发报行</td><td>行号</td><td>0420</td><td colspan="10">编制 2013 年 08 月 20 日</td><td rowspan="2">收报行</td><td>行号</td><td>0516</td><td colspan="11">号码</td></tr>
<tr><td>行名</td><td colspan="11">中国惠通银行杭州金华支行</td><td>行名</td><td colspan="12">中国惠通银行北京顺至支行</td></tr>
<tr><td colspan="2">付款人账号或名称</td><td>收款人账号或名称</td><td>千</td><td>百</td><td>十</td><td>万</td><td>千</td><td>百</td><td>十</td><td>元</td><td>角</td><td>分</td><td rowspan="2" colspan="2">合计金额</td><td>亿</td><td>千</td><td>百</td><td>十</td><td>万</td><td>千</td><td>百</td><td>十</td><td>元</td><td>角</td><td>分</td></tr>
<tr><td colspan="2">杭州锦华贸易公司</td><td>滨江亚麻厂</td><td></td><td></td><td></td><td>¥</td><td>1</td><td>8</td><td>0</td><td>0</td><td>0</td><td>0</td><td></td><td></td><td></td><td></td><td>¥</td><td>1</td><td>8</td><td>0</td><td>0</td><td>0</td><td>0</td></tr>
<tr><td colspan="2"></td><td></td><td></td><td></td><td></td><td></td><td></td><td></td><td></td><td></td><td></td><td></td><td colspan="13">事由划转商业承兑汇票款</td></tr>
<tr><td colspan="2"></td><td></td><td></td><td></td><td></td><td></td><td></td><td></td><td></td><td></td><td></td><td></td><td rowspan="2">附件</td><td rowspan="2" colspan="3">商业承兑汇票</td><td rowspan="2">密押</td><td rowspan="2" colspan="3"></td><td rowspan="2">编押</td><td rowspan="2" colspan="4"></td></tr>
<tr><td colspan="2"></td><td></td><td></td><td></td><td></td><td></td><td></td><td></td><td></td><td></td><td></td><td></td></tr>
<tr><td colspan="3" rowspan="2">备注：</td><td rowspan="2">发报行</td><td colspan="8" rowspan="2">（发报行联行专用章）</td><td rowspan="2">收报行</td><td colspan="14">核对印鉴　　核押
复核　　记账</td></tr>
<tr><td colspan="14">转账日期　　年　　月　　日</td></tr>
</table>

此联寄收报行转账后代联行来账卡片账

表 S7-8　　中国××银行**邮划**贷方报单　　（来账报告卡）　**2**

<table>
<tr><td rowspan="2">发报行</td><td>行号</td><td>0420</td><td colspan="10">编制 2013 年 08 月 20 日</td><td rowspan="2">收报行</td><td>行号</td><td>0516</td><td colspan="11">号码</td></tr>
<tr><td>行名</td><td colspan="11">中国惠通银行杭州金华支行</td><td>行名</td><td colspan="12">中国惠通银行北京顺至支行</td></tr>
<tr><td colspan="2">付款人账号或名称</td><td>收款人账号或名称</td><td>千</td><td>百</td><td>十</td><td>万</td><td>千</td><td>百</td><td>十</td><td>元</td><td>角</td><td>分</td><td rowspan="2" colspan="2">合计金额</td><td>亿</td><td>千</td><td>百</td><td>十</td><td>万</td><td>千</td><td>百</td><td>十</td><td>元</td><td>角</td><td>分</td></tr>
<tr><td colspan="2">杭州锦华贸易公司</td><td>滨江亚麻厂</td><td></td><td></td><td></td><td>¥</td><td>1</td><td>8</td><td>0</td><td>0</td><td>0</td><td>0</td><td></td><td></td><td></td><td></td><td>¥</td><td>1</td><td>8</td><td>0</td><td>0</td><td>0</td><td>0</td></tr>
<tr><td colspan="2"></td><td></td><td></td><td></td><td></td><td></td><td></td><td></td><td></td><td></td><td></td><td></td><td colspan="13">事由划转商业承兑汇票款</td></tr>
<tr><td colspan="2"></td><td></td><td></td><td></td><td></td><td></td><td></td><td></td><td></td><td></td><td></td><td></td><td colspan="13" rowspan="2">附件商业承兑汇票</td></tr>
<tr><td colspan="2"></td><td></td><td></td><td></td><td></td><td></td><td></td><td></td><td></td><td></td><td></td><td></td></tr>
<tr><td colspan="27">发报行联行专用章</td></tr>
</table>

此联由收报行随来账报告表寄管辖分行

表 S7-9

委邮

托收凭证（收账通知） **4**

委托日期 2013 年 08 月 16 日

委托号码

付款期限 月 日

付款人	全　称	杭州锦华贸易公司	收款人	全　称	滨江亚麻厂		
	账号或地址	04201040000088		账　号	05160104000001		
	开户银行	杭州金华支行		开户银行	北京顺至支行	行号	0516
委收金额	人民币（大写）	壹仟捌佰元整				千百十万千百十元角分	¥180000
款项内容	货款	委托收款凭据名称	商业承兑汇票	附寄单证张数	1		
备注：			上列款项： 1. 已全部划回收入你方账户 2. 已收回部分款项收入你方账户 3. 全部未收到 收款人开户行盖章 年　月　日				

此联付款人开户银行凭以汇款或收款人开户银行作收账通知

单位主管　　会计　　复核　　记账　　付款人开户银行收到日期　年　月　日

支付日期　年　月　日

表 S7-10

中国××银行（转账借方传票）

年　月　日

科目	（借）	对方科目	（贷）

户名或账号	摘　要	千	百	十	万	千	百	十	元	角	分

附单据　张

会计　　出纳　　复核　　记账

表 S7-11

商业承兑汇票　2

汇票号码

出票日期（大写）贰零壹叁年零叁月零贰拾日　　第　号

付款人	全　称	滨江机械厂		收款人	全　称	杭州第一建筑工程公司	
	账　号	05160104000008			账　号	04200104110106	
	开户银行	北京顺至支行	行号 0516		开户银行	金华支行	行号 0420
出票金额	人民币（大写）叁仟元整					千百十万千百十元角分	¥300000
汇票到期日	2013 年 08 月 20 日			交易合同号码	03005		
本汇票已经承兑，到期无条件支付票款 承兑人签章 承兑日期　年　月　日				本汇票请予以承兑于到期日付款 出票人签章			

此联持票人开户行随委托收款凭证寄付款人开户行作借方凭证附件

表 S7-12

委邮

托收凭证（借方凭证）　3

委托号码

委托日期 2013 年 08 月 16 日

付款人	全　称	滨江机械厂		收款人	全　称	杭州第一建筑工程公司	
	账号或地址	05160104000008			账　号	04200104110106	
	开户银行	北京顺至支行			开户银行	杭州金华支行	行号 0420
委收金额	人民币（大写）叁仟元整					千百十万千百十元角分	¥300000
款项内容	货款	委托收款凭据名称	商业承兑汇票		附寄单证张数	1	
备注：		收款人开户银行盖章 年　月　日			科目（借） 对方科目（贷） 转账　年　月　日 复核　记账		

付款人开户银行收到日期　年　月　日

此联付款人开户银行作借方凭证

表 S7-13

委邮

托收凭证（收账通知） 4

委托日期 2013 年 08 月 16 日

委托号码

付款期限 月 日

<table>
<tr><td rowspan="3">付款人</td><td>全　　称</td><td>滨江机械厂</td><td rowspan="3">收款人</td><td>全　　称</td><td colspan="3">杭州第一建筑工程公司</td></tr>
<tr><td>账号或地址</td><td>05160104000008</td><td>账　　号</td><td colspan="3">04200104110106</td></tr>
<tr><td>开户银行</td><td>北京顺至支行</td><td>开户银行</td><td>杭州金华支行</td><td>行号</td><td>0420</td></tr>
<tr><td>委收金额</td><td colspan="5">人民币（大写）叁仟元整</td><td colspan="2">千百十万千百十元角分
¥300000</td></tr>
<tr><td>款项内容</td><td>货款</td><td>委托收款凭据名称</td><td colspan="2">商业承兑汇票</td><td>附寄单证张数</td><td colspan="2">1</td></tr>
<tr><td colspan="3">备注：</td><td colspan="5">上列款项：
1. 已全部划回收入你方账户
2. 已收回部分款项收入你方账户
3. 全部未收到

收款人开户行盖章
年 月 日</td></tr>
</table>

此联付款人开户银行凭以汇款或收款人开户银行作收账通知

单位主管 会计 复核 记账 付款人开户银行收到日期 年 月 日

支付日期 年 月 日

表 S7-14

委邮

托收凭证（付款通知） 5

委托日期 2013 年 08 月 16 日

委托号码

付款期限 月 日

<table>
<tr><td rowspan="3">付款人</td><td>全　　称</td><td>滨江机械厂</td><td rowspan="3">收款人</td><td>全　　称</td><td colspan="3">杭州第一建筑工程公司</td></tr>
<tr><td>账号或地址</td><td>05160104000008</td><td>账　　号</td><td colspan="3">04200104110106</td></tr>
<tr><td>开户银行</td><td>北京顺至支行</td><td>开户银行</td><td>杭州金华支行</td><td>行号</td><td>0420</td></tr>
<tr><td>委收金额</td><td colspan="5">人民币（大写）叁仟元整</td><td colspan="2">千百十万千百十元角分
¥300000</td></tr>
<tr><td>款项内容</td><td>货款</td><td>委托收款凭据名称</td><td colspan="2">商业承兑汇票</td><td>附寄单证张数</td><td colspan="2">1</td></tr>
<tr><td colspan="2">备注：</td><td colspan="6">付款人注意：
1. 根据结算办法，上列委托收款，如在付款期限内未拒付时，即视同全部同意付款，以此联代付款通知
2. 如需提前付款或多付款时，应在付款期限内另填拒绝付款理由书送银行办理
3. 如系全部或部分拒付，应在付款期限内另填拒绝付款理由书送银行办理</td></tr>
</table>

此联付款人开户银行给付款人按期付款通知

单位主管 会计 复核 记账 付款人开户银行盖章 年 月 日

表 S7-15

中国××银行**邮划**贷方报单（来账卡片） 1

<table>
<tr><td rowspan="2">发报行</td><td>行号</td><td></td><td colspan="10">编制 年 月 日</td><td rowspan="2">收报行</td><td>行号</td><td></td><td>号码</td><td colspan="11"></td></tr>
<tr><td>行名</td><td colspan="11"></td><td>行名</td><td colspan="13"></td></tr>
<tr><td colspan="2">付款人
账号或名称</td><td>收款人
账号或名称</td><td>千</td><td>百</td><td>十</td><td>万</td><td>千</td><td>百</td><td>十</td><td>元</td><td>角</td><td>分</td><td colspan="3" rowspan="2">合计
金额</td><td>亿</td><td>千</td><td>百</td><td>十</td><td>万</td><td>千</td><td>百</td><td>十</td><td>元</td><td>角</td><td>分</td></tr>
<tr><td colspan="2"></td><td></td><td></td><td></td><td></td><td></td><td></td><td></td><td></td><td></td><td></td><td></td><td></td><td></td><td></td><td></td><td></td><td></td><td></td><td></td><td></td><td></td><td></td></tr>
<tr><td colspan="2"></td><td></td><td></td><td></td><td></td><td></td><td></td><td></td><td></td><td></td><td></td><td></td><td colspan="14">事由</td></tr>
<tr><td colspan="2"></td><td></td><td></td><td></td><td></td><td></td><td></td><td></td><td></td><td></td><td></td><td></td><td rowspan="2">附件</td><td colspan="3" rowspan="2"></td><td rowspan="2">密押</td><td colspan="3" rowspan="2"></td><td rowspan="2">编押</td><td colspan="4" rowspan="2"></td></tr>
<tr><td colspan="2"></td><td></td><td></td><td></td><td></td><td></td><td></td><td></td><td></td><td></td><td></td><td></td></tr>
<tr><td colspan="2" rowspan="2">备注：</td><td rowspan="2">发报行</td><td colspan="9" rowspan="2">（发报行联行专用章）</td><td rowspan="2">收报行</td><td colspan="14">核对印鉴 核押
复核 记账</td></tr>
<tr><td colspan="14">转账日期 年 月 日</td></tr>
</table>

此联寄收报行转账后代联行来账卡片账

表 S7-16

中国××银行**邮划**贷方报单（来账报告卡） 2

<table>
<tr><td rowspan="2">发报行</td><td>行号</td><td></td><td colspan="10">编制 年 月 日</td><td rowspan="2">收报行</td><td>行号</td><td></td><td>号码</td><td colspan="11"></td></tr>
<tr><td>行名</td><td colspan="11"></td><td>行名</td><td colspan="13"></td></tr>
<tr><td colspan="2">付款人
账号或名称</td><td>收款人
账号或名称</td><td>千</td><td>百</td><td>十</td><td>万</td><td>千</td><td>百</td><td>十</td><td>元</td><td>角</td><td>分</td><td colspan="3" rowspan="2">合计
金额</td><td>亿</td><td>千</td><td>百</td><td>十</td><td>万</td><td>千</td><td>百</td><td>十</td><td>元</td><td>角</td><td>分</td></tr>
<tr><td colspan="2"></td><td></td><td></td><td></td><td></td><td></td><td></td><td></td><td></td><td></td><td></td><td></td><td></td><td></td><td></td><td></td><td></td><td></td><td></td><td></td><td></td><td></td><td></td></tr>
<tr><td colspan="2"></td><td></td><td></td><td></td><td></td><td></td><td></td><td></td><td></td><td></td><td></td><td></td><td colspan="14">事由</td></tr>
<tr><td colspan="2"></td><td></td><td></td><td></td><td></td><td></td><td></td><td></td><td></td><td></td><td></td><td></td><td colspan="14" rowspan="2">附件</td></tr>
<tr><td colspan="2"></td><td></td><td></td><td></td><td></td><td></td><td></td><td></td><td></td><td></td><td></td><td></td></tr>
<tr><td colspan="27">发报行联行专用章</td></tr>
</table>

此联由收报行随来账报告表寄管辖分行

表 S7-17　　中国××银行**邮划**贷方报单（往账报告卡）　**3**

发报行	行号		编制　年　月　日	收报行	行号		号码	
	行名				行名			

付款人账号或名称	收款人账号或名称	千	百	十	万	千	百	十	元	角	分	合计金额	亿	千	百	十	万	千	百	十	元	角	分
												事由											
												附件											

备注：

此联由发报行随往账报告表寄管辖分行

表 S7-18　　中国××银行**邮划**贷方报单（往账卡片）　**4**

发报行	行号		编制　年　月　日	收报行	行号		号码	
	行名				行名			

付款人账号或名称	收款人账号或名称	千	百	十	万	千	百	十	元	角	分	合计金额	亿	千	百	十	万	千	百	十	元	角	分
												事由											
												附件			密押				编押				

备注：	发报行	编制　　复核

此联发报行留存代联行往账卡片账

表 S7－19

中国××银行（转账贷方传票）

年 月 日

科目	（贷）		对方科目	（借）

户名或账号	摘　要	金　额									
		千	百	十	万	千	百	十	元	角	分

附单据　张

会计　　出纳　　复核　　记账

［注意事项］

1. 对实验内容有所了解。
2. 实验材料齐全。
3. 认真、准确、完整地填制各种业务单式。
4. 按照教师指挥进行及时、准确的分发与传递，杜绝错发、漏发。
5. 妥善保管会计凭证，杜绝丢失与损毁。

实验八　银行承兑汇票

[实验目的和要求]

1. 实验目的

了解商业承兑汇票到期委托收款全部业务处理流程，熟悉商业承兑汇票业务涉及的主要业务单式和凭证的各联次用途、传递过程，掌握持票人开户行初始受理委托收款、收到划回票款的会计处理，掌握付款人开户行收到汇票办理划转票款的会计处理。

2. 实验要求

（1）根据业务资料填制各类业务凭证；

（2）对每笔银行承兑汇票业务进行处理，编制会计分录；

（3）登记相关分户账、余额表；

（4）填制科目日结单、总账、日计表，平衡账务。

[关键知识点]

1. 银行承兑汇票的特点和有关规定

（1）银行承兑汇票的特点

银行承兑汇票是出票人签发的，以银行为承兑人，在到期日无条件支付确定的金额给收款人或者持票人的票据。

银行承兑汇票属银行信用形式。与商业承兑汇票相似，具有期限灵活、使用方便、可向银行贴现等特点。

银行承兑汇票以银行为承兑人，因此一般不会遭到拒付，相对于商业承兑汇票，其风险大大降低。

（2）银行承兑汇票的有关规定

- 银行承兑汇票在同城和异地均可使用，企业持未到期的银行承兑汇票可向开户银行申请贴现
- 银行承兑汇票的出票人为在承兑行开立账户的法人以及其他组织，与承兑银行具有真实的委托付款关系，资信状况良好，有支付汇票金额的可靠资金来源
- 付款期限最长不超过 6 个月

2. 银行承兑汇票的核算程序

银行承兑汇票可以在同城和异地系统内使用。这里介绍的主要是异地银行承兑汇票核算程序，如图 S8-1 所示。

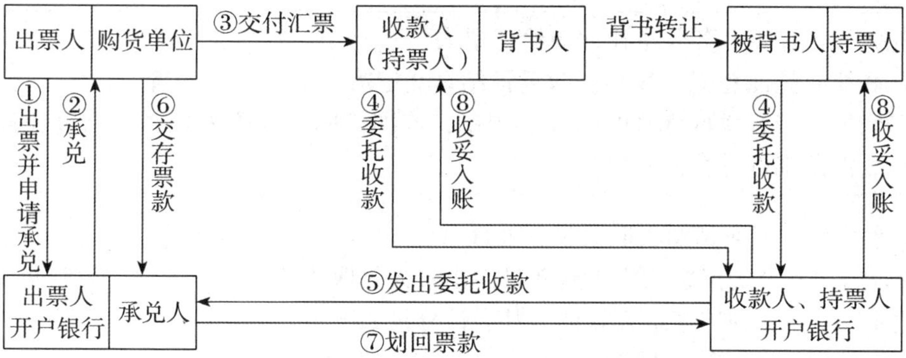

图 S8-1　银行承兑汇票的核算程序

3. 银行承兑汇票的核算

(1) 承兑银行办理汇票承兑的处理手续

第一步：审查。

- 汇票和承兑协议是否符合规定，出票人签章是否符合规定
- 出票人是否在本行开立存款账户，汇票上记载的出票人名称、账号是否相符
- 汇票是否是按统一规定印制的凭证

第二步：受理。

- 在第一、二联汇票上注明承兑协议编号，在第二联汇票“承兑签章”处加盖汇票专用章并由授权的经办人签名或盖章
- 将第二联汇票连同一联承兑协议交给承兑申请人（出票人）
- 按照承兑金额的万分之五向承兑申请人（出票人）收取承兑手续费

第三步：表外核算和会计分录。

承兑银行根据第一联汇票卡片填制银行承兑汇票表外科目收入凭证，登记表外科目登记簿，并将第一联汇票卡片和承兑协议副本专夹保管。

收到承兑手续费后所作会计分录为：

借：活期存款——承兑申请人

　贷：手续费收入

(2) 持票人开户行受理汇票到期委托收款

第一步：审查。

营业柜台受理持票人提交的一式五联托收凭证及银行承兑汇票时，应认真审查：

- 汇票上填明的持票人是否在本行开户
- 汇票、托收凭证记载事项是否齐全，二者是否相符
- 汇票是否即将到期，提示付款期限是否超过

第二步：受理。

● 将托收凭证加盖业务公章作回单给持票人
● 第二联托收凭证登记“发出托收凭证结算登记簿”后，专夹保管
● 第三联加盖带有联行行号的结算专用章，连同第四、五联委托收款结算凭证和银行承兑汇票邮寄付款人开户行

(3) 承兑人对汇票到期收取票款的处理

承兑银行对到期的汇票，应于到期日向出票人收取票款，专户存储。填制两联特种转账借方凭证、一联特种转账贷方凭证，其会计分录如下：

借：活期存款——出票人户

　贷：应解汇款及临时存款

如出票人账户无款或不足支付时，应转入该出票人的逾期贷款户，按规定计收利息。

无款支付的分录为：

借：逾期贷款——出票人户

　贷：应解汇款及临时存款

不足支付的分录为：

借：活期存款——出票人户

　　逾期贷款——出票人户

　贷：应解汇款及临时存款

(4) 承兑银行支付汇票款项的处理

承兑人开户行收到持票人开户行邮寄来的托收凭证及汇票时，应：

第一步：审查。

● 该汇票是否为本行承兑，与汇票卡片的号码和记载事项是否相符
● 是否作成委托收款背书，背书是否合规
● 托收凭证的记载事项是否与汇票记载的事项相符

第二步：到期日划回票款。

于汇票到期日或到期日之后的见票当日，以第三联托收凭证作借方凭证，办理转账。其会计分录为：

借：应解汇款及临时存款

　贷：联行往账

另填制银行承兑汇票表外科目付出凭证，销记表外科目登记簿。第四联托收凭证填注支付日期后，作联行报单的附件寄交持票人开户行。

(5) 持票人开户行收到划回票款或退回凭证的处理

持票人开户行接到付款人开户行寄来的联行报单和托收凭证后，应将留存的第二联托收凭证抽出核对。经核对无误后，在第二联托收凭证上填注转账日期作贷方凭证。其会计分录为：

借：联行来账

　贷：活期存款——持票人户

[实验内容]

1. 作为承兑行的处理

（1）8 月 20 日，由中国惠通银行北京顺至支行承兑的银行承兑汇票一张已经到期，汇票金额 3 500 元，收款人为系统内杭州金华支行开户单位电机厂，银行抽出专夹保管的汇票卡片和承兑协议副本，审核无误后，填制两联特种转账借方传票、一联特种转账贷方传票，办理向承兑申请人滨江亚麻厂收取票款的处理手续，并根据一联特种转账借方传票登记滨江亚麻厂活期存款分户账（所用单式见表 S8-1、表 S8-2、表 S8-3、表 S8-4）。

（2）8 月 20 日，收到中国惠通银行杭州金华支行寄来的该笔银行承兑汇票正本及第三、四、五联托收凭证，办理划转汇票款手续（所用单式见表 S8-5、表 S8-6、表 S8-7、表 S8-8、表 S8-9、表 S8-10、表 S8-11、表 S8-12、表 S8-13）。

2. 作为收款人开户行的处理

（1）8 月 20 日，滨江机械厂持银行承兑汇票一张，到其开户银行北京顺至支行办理委托收款手续，汇票金额为 2 500 元，出票人为杭州金华支行开户单位建材公司，银行予以办理。将托收凭证第一联签章后退交滨江机械厂，第二联专夹保管，第三、四、五联随银行承兑汇票寄发系统内杭州金华支行（所用单式见表 S8-14、表 S8-15、表 S8-16、表 S8-17、表 S8-18、表 S8-19）。

（2）8 月 20 日，收到系统内杭州金华支行寄来的邮划贷方报单第一、二联及托收凭证第四联，系滨江机械厂于 8 月 16 日委托本行收取的银行承兑汇票款项，该汇票出票人为杭州金华支行开户单位永华木器厂，金额为 3 200 元。当即为收款人滨江机械厂办理收款转账（所用单式见表 S8-20、表 S8-21、表 S8-22、表 S8-23）。

[实验材料]

银行承兑汇票、特种转账借方传票、特种转账贷方传票、转账借方传票、转账贷方传票、邮划贷方报单、托收凭证。

表 S8-1　　**银行承兑汇票（卡片）**　　**1**　　汇票号码

出票日期贰零壹叁年零贰月零贰拾日　　第　　号

出票人全称	滨江亚麻厂			收款人	全　称	电机厂	
出票人账号	05160104000001				账　号	04200104110101	
付款行全称	中国惠通银行北京顺至支行	行号	0516		开户行	杭州金华支行	行号 0420

汇票金额	人民币（大写）叁仟伍佰元整	万	千	百	十	万	千	百	十	元	角	分
						¥	3	5	0	0	0	0

汇票到期日　2013 年 08 月 20 日		承兑协议编号
本汇票请你行承兑，此项汇票款我单位按承兑协议于到期日前足额交存你行，到期请予以支付 出票人签章 2013 年 02 月 20 日	备注：	科目（借） 对方科目（贷） 转账　　年　月　日 复核　　记账

表 S8-2

中国××银行特种转账借方传票

年　月　日

总字第　号
字第　号

收款单位	全　称			付款单位	全　称		
	账号或地址				账号或地址		
	开户银行		行号		开户银行		行号
金额	人民币（大写）					千 百 十 万 千 百 十 元 角 分	
原凭证金额		赔偿金			科目（借）……		
原凭证名称		号　码					
转账原因					对方科目（贷）……		
		银行盖章			会计　复核　记账		

附件　张

表 S8-3

中国××银行特种转账借方传票

年　月　日

总字第　号
字第　号

收款单位	全　称			付款单位	全　称		
	账号或地址				账号或地址		
	开户银行		行号		开户银行		行号
金额	人民币（大写）					千 百 十 万 千 百 十 元 角 分	
原凭证金额		赔偿金			科目（借）……		
原凭证名称		号　码					
转账原因					对方科目（贷）……		
		银行盖章			会计　复核　记账		

附件　张

表 S8-4

中国××银行特种转账贷方传票

年　　月　　日

总字第　　号
字第　　号

收款单位	全　称				付款单位	全　称										
	账号或地址					账号或地址										
	开户银行		行号			开户银行						行号				
金额	人民币（大写）						千	百	十	万	千	百	十	元	角	分
原凭证金额		赔偿金					科目（贷）									
原凭证名称		号　码														
转账原因	银行盖章						对方科目（借） 会计　复核　记账									

附件　张

表 S8-5

银行承兑汇票 2

出票日期贰零壹叁年零贰月零贰拾日

汇票号码
第　　号

出票人全称	滨江亚麻厂			收款人	全　称	电机厂											
出票人账号	05160104000001				账　号	04200104110101											
付款行全称	中国惠通银行北京顺至支行	行号	0516		开户行	杭州金华支行									行号	0420	
汇票金额	人民币（大写）叁仟伍佰元整						万	千	百	十	万	千	百	十	元	角	分
											¥	3	5	0	0	0	0
汇票到期日	2013年08月20日		本汇票已经承兑，到期日由本行付款				承兑协议编号										
本汇票请你行承兑，到期无条件付款 出票人签章 2013年02月20日			出票人签章 承兑日期 2013年02月20日				科目（借） 对方科目（贷） 转账　年　月　日 复核　记账										
			备注：														

此联持票人开户行随委托收款凭证寄付款人开户行作借方凭证附件

表 S8-6

委邮

托收凭证（借方凭证） 3

委托日期 2013 年 08 月 16 日

委托号码

付款期限 月 日

付款人	全称	滨江亚麻厂	收款人	全称	电机厂	
	账号或地址	05160104000001		账号	04200104110101	
	开户银行	北京顺至支行		开户银行	杭州金华支行	行号 0420

委收金额	人民币（大写）叁仟伍佰元整	千	百	十	万	千	百	十	元	角	分
					¥	3	5	0	0	0	0

款项内容	贷款	委托收款凭据名称	银行承兑汇票	附寄单证张数	1
备注：		收款人开户银行盖章 年 月 日		科目（借） 对方科目（贷） 转账 年 月 日 复核 记账	

此联付款人开户银行作借方凭证

付款人开户银行收到日期 年 月 日

表 S8-7

委邮

托收凭证（收账通知） 4

委托日期 2013 年 08 月 16 日

委托号码

付款期限 月 日

付款人	全称	滨江亚麻厂	收款人	全称	电机厂	
	账号或地址	05160104000001		账号	04200104110101	
	开户银行	北京顺至支行		开户银行	杭州金华支行	行号 0420

委收金额	人民币（大写）叁仟伍佰元整	千	百	十	万	千	百	十	元	角	分
					¥	3	5	0	0	0	0

款项内容	贷款	委托收款凭据名称	银行承兑汇票	附寄单证张数	1
备注：			上列款项： 1. 已全部划回收入你方账户 2. 已收回部分款项收入你方账户 3. 全部未收到 收款人开户行盖章 年 月 日		

此联付款人开户银行凭以汇款或收款人开户银行作收账通知

单位主管 会计 复核 记账 付款人开户银行收到日期 年 月 日

支付日期 年 月 日

表 S8-8

委邮

托收凭证（付款通知）　**5**

委托日期 2013 年 08 月 16 日

委托号码

付款期限　月　日

付款人	全　称	滨江亚麻厂	收款人	全　称	电机厂		
	账号或地址	05160104000001		账　号	04200104110101		
	开户银行	北京顺至支行		开户银行	杭州金华支行	行号	0420

委收金额	人民币（大写）叁仟伍佰元整	千	百	十	万	千	百	十	元	角	分
						¥	3	5	0	0	0

款项内容	货款	委托收款凭据名称	银行承兑汇票	附寄单证张数	1

备注：	付款人注意： 1. 根据结算办法，上列委托收款，如在付款期限内未拒付时，即视同全部同意付款，以此联代付款通知 2. 如需提前付款或多付款时，应在付款期限内另填拒绝付款理由书送银行办理 3. 如系全部或部分拒付，应在付款期限内另填拒绝付款理由书送银行办理

单位主管　会计　复核　记账　付款人开户银行盖章　年　月　日

此联付款人开户银行给付款人作按期付款通知

表 S8-9　中国××银行**邮划**贷方报单　（来账卡片）　**1**

发报行	行号		编制　年　月　日	收报行	行号		号码
	行名				行名	

付款人账号或名称	收款人账号或名称	千	百	十	万	千	百	十	元	角	分	合计金额	亿	千	百	十	万	千	百	十	元	角	分
												事由											
												附件		密押		编押							

备注：	发报行	（发报行联行专用章）	收报行	核对印鉴　核押 复核　记账 转账日期　年　月　日

此联寄收报行转账后代联行来账卡片账

表 S8-10 中国××银行**邮划**贷方报单 （来账报告卡） **2**

发报行	行号		编制　年　月　日	收报行	行号		号码
	行名				行名		

付款人账号或名称	收款人账号或名称	千	百	十	万	千	百	十	元	角	分	合计金额	亿	千	百	十	万	千	百	十	元	角	分
												事由											
												附件											

发报行联行专用章

此联由收报行随来账报告表寄管辖分行

表 S8-11 中国××银行**邮划**贷方报单 （往账报告卡） **3**

发报行	行号		编制　年　月　日	收报行	行号		号码
	行名				行名		

付款人账号或名称	收款人账号或名称	千	百	十	万	千	百	十	元	角	分	合计金额	亿	千	百	十	万	千	百	十	元	角	分
												事由											
												附件											

备注：

此联由发报行随往账报告表寄管辖分行

表 S8-12 中国××银行**邮划**贷方报单 （往账卡片） **4**

发报行	行号		编制 年 月 日										收报行	行号		号码										
	行名													行名												
付款人账号或名称		收款人账号或名称	千	百	十	万	千	百	十	元	角	分	合计金额		亿	千	百	十	万	千	百	十	元	角	分	
													事由													
													附件		密押			编押								
备注：													发报行	编制		复核										

此联发报行留存代联行往账卡片账

表 S8-13 **中国××银行（转账贷方传票）**

年 月 日

科目	（贷）		对方科目	（借）										
户名或账号	摘　要		金　额											
			千	百	十	万	千	百	十	元	角	分		

附单据　张

会计　出纳　复核　记账

表 S8-14

银行承兑汇票 2

汇票号码

出票日期贰零壹叁年零贰月零贰拾日　　第　号

出票人全称	建材公司			收款人	全　称	滨江机械厂									
出票人账号	04200104110108				账　号	051601040000008									
付款行全称	中国惠通银行杭州金华支行	行号	0420		开户行	北京顺至支行		行号	0516						
汇票金额	人民币（大写）贰仟伍佰元整					万	千	百	十	万	千	百	十	元	角	分
										¥	2	5	0	0	0	0
汇票到期日	2013 年 08 月 20 日	本汇票已经承兑，到期日由本行付款				承兑协议编号									
本汇票请你行承兑，到期无条件付款 出票人签章 2013 年 02 月 20 日		出票人签章 承兑日期 2013 年 02 月 20 日				科目（借） 对方科目（贷） 转账　年　月　日 复核　记账									
		备注：													

表 S8-15

委邮

托收凭证（受理回单） 1

委托号码

委托日期 2013 年 08 月 20 日

付款人	全　称	建材公司		收款人	全　称	滨江机械厂									
	账号或地址	04200104110108			账　号	05160104000008									
	开户银行	杭州金华支行			开户银行	北京顺至支行	行号	0516							
委收金额	人民币（大写）贰仟伍佰元整					千	百	十	万	千	百	十	元	角	分
								¥	2	5	0	0	0	0	
款项内容	货款	委托收款凭据名称	银行承兑汇票		附寄单证张数	1									
备注：		款项收妥日期　年　月　日			收款人开户银行盖章 月　日										

此联作收款人开户银行给收款人的受理回单

单位主管　　会计　　复核　　记账

表 S8-16

委邮

托收凭证（贷方凭证）　2

委托日期 2013 年 08 月 20 日　　委托号码

付款人	全称	建材公司	收款人	全称	滨江机械厂	
	账号或地址	04200104110108		账号	05160104000008	
	开户银行	杭州金华支行		开户银行	北京顺至支行	行号 0516
委收金额	人民币（大写）	贰仟伍佰元整		千百十万千百十元角分		¥250000
款项内容	贷款	委托收款凭据名称	银行承兑汇票	附寄单证张数	1	
备注：		上列委托收款随附有关单证请予办理收款 收款人签章		科目（贷） 对方科目（借） 转账　年　月　日 复核　记账		

付款人开户银行收到日期　年　月　日

此联收款人开户银行作贷方凭证

表 S8-17

委邮

托收凭证（借方凭证）　3

委托日期 2013 年 08 月 20 日　　委托号码

付款人	全称	建材公司	收款人	全称	滨江机械厂	
	账号或地址	04200104110108		账号	051601040000008	
	开户银行	杭州金华支行		开户银行	北京顺至支行	行号 0516
委收金额	人民币（大写）	贰仟伍佰元整		千百十万千百十元角分		¥250000
款项内容	贷款	委托收款凭据名称	银行承兑汇票	附寄单证张数	1	
备注：		收款人开户银行盖章 年　月　日		科目（借） 对方科目（贷） 转账　年　月　日 复核　记账		

付款人开户银行收到日期　年　月　日

此联付款人开户银行作借方凭证

表 S8-18

托收凭证（收账通知） 4

委邮　　委托日期 2013 年 08 月 20 日　　委托号码　　付款期限　月　日

付款人	全称	建材公司	收款人	全称	滨江亚麻厂	
	账号或地址	04200104110108		账号	05160104000008	
	开户银行	杭州金华支行		开户银行	北京顺至支行	行号 0516
委收金额	人民币（大写）贰仟伍佰元整			千百十万千百十元角分	¥250000	
款项内容	货款	委托收款凭据名称	银行承兑汇票	附寄单证张数	1	
备注：		上列款项： 1. 已全部划回收入你方账户 2. 已收回部分款项收入你方账户 3. 全部未收到 收款人开户行盖章 年　月　日				

此联付款人开户银行凭以汇款或收款人开户银行作收账通知

单位主管　　会计　　复核　　记账　　付款人开户银行收到日期　年　月　日

支付日期　年　月　日

表 S8-19

托收凭证（付款通知） 5

委邮　　委托日期 2013 年 08 月 20 日　　委托号码　　付款期限　月　日

付款人	全称	建材公司	收款人	全称	滨江机械厂	
	账号或地址	04200104110108		账号	051601040000008	
	开户银行	杭州金华支行		开户银行	北京顺至支行	行号 0516
委收金额	人民币（大写）贰仟伍佰元整			千百十万千百十元角分	¥250000	
款项内容	货款	委托收款凭据名称	银行承兑汇票	附寄单证张数	1	
备注：		付款人注意： 1. 根据结算办法，上列委托收款，如在付款期限内未拒付时，即视同全部同意付款，以此联代付款通知 2. 如需提前付款或多付款时，应在付款期限内另填拒绝付款理由书送银行办理 3. 如系全部或部分拒付，应在付款期限内另填拒绝付款理由书送银行办理				

此联付款人开户银行给付款人作按期付款通知

单位主管　　会计　　复核　　记账　　付款人开户银行盖章　年　月　日

表 S8-20　　中国××银行**邮划**贷方报单　　（来账卡片）　**1**

发报行	行号	0420	编制 2013 年 08 月 16 日	收报行	行号	0516
	行名	中国惠通银行杭州金华支行			行名	中国惠通银行北京顺至支行
					号码	

付款人账号或名称	收款人账号或名称	千	百	十	万	千	百	十	元	角	分
永华木器厂	滨江机械厂				¥	3	2	0	0	0	0

合计金额	亿	千	百	十	万	千	百	十	元	角	分
					¥	3	2	0	0	0	0

事由					
附件	银行承兑汇票	密押		编押	

备注：	发报行 （发报行联行专用章）	收报行	核对印鉴　　核押 复核　　记账 转账日期　　年　　月　　日

此联寄收报行转账后代联行来账卡片账

表 S8-21　　中国××银行**邮划**贷方报单　　（来账报告卡）　**2**

发报行	行号	0420	编制 2013 年 08 月 16 日	收报行	行号	0516
	行名	中国惠通银行杭州金华支行			行名	中国惠通银行北京顺至支行
					号码	

付款人账号或名称	收款人账号或名称	千	百	十	万	千	百	十	元	角	分
永华木器厂	滨江机械厂				¥	3	2	0	0	0	0

合计金额	亿	千	百	十	万	千	百	十	元	角	分
					¥	3	2	0	0	0	0

事由	
附件	

发报行联行专用章

此联由收报行随来账报告表寄管辖分行

表 S8-22

托收凭证（收账通知） **4**

委托号码

委邮

委托日期 2013 年 08 月 16 日

付款期限　　月　　日

付款人	全　称	永华木器厂	收款人	全　称	滨江机械厂	
	账号或地址	04200104110109		账　号	05160104000008	
	开户银行	杭州金华支行		开户银行	北京顺至支行	行号 0516
委收金额	人民币（大写）	叁仟贰佰元整			千百十万千百十元角分	￥320000
款项内容	货款	委托收款凭据名称	银行承兑汇票	附寄单证张数		
备注：			上列款项： 1. 已全部划回收入你方账户 2. 已收回部分款项收入你方账户 3. 全部未收到 收款人开户行盖章 年　月　日			

此联付款人开户银行凭以汇款或收款人开户银行作收账通知

单位主管　　会计　　复核　　记账　　付款人开户银行收到日期　　年　月　日

支付日期　　年　月　日

表 S8-23

中国××银行（转账借方传票）

年　月　日

科目	（借）	对方科目	（贷）

户名或账号	摘　要	金额 千 百 十 万 千 百 十 元 角 分

附单据　张

会计　　出纳　　复核　　记账

[注意事项]

1. 对实验内容有所了解。
2. 实验材料齐全。
3. 认真、准确、完整地填制各种业务单式。
4. 按照教师指挥进行及时准确的分发与传递，杜绝错发、漏发。
5. 妥善保管会计凭证，杜绝丢失与损毁。

实验九　汇　兑

[实验目的和要求]

1. 实验目的

通过本实务操作，了解商业银行汇兑的结算方式，明确汇兑业务的处理要求和方法，熟练地掌握汇出行、汇入行的会计核算及账务处理过程。

2. 实验要求

（1）根据资料填制各类业务凭证；

（2）对每笔汇兑业务进行处理，编写会计分录；

（3）登记相关分户账、余额表；

（4）填制科目日结单、总账、日计表，平衡账务。

[关键知识点]

1. 汇兑的概念及种类

汇兑是汇款人委托银行将其款项支付给收款人的结算方式。汇兑按其凭证传递方式不同，分为信汇和电汇两种，由汇款人选用。

2. 汇兑的有关规定

- 汇兑适用于单位和个人之间各种款项的结算
- 签发汇兑凭证必须记载规定的事项，该事项必须表明“信汇”或“电汇”的字样；无条件支付的委托；确定的金额；收款人名称；汇款人名称；汇入地点、汇入行名称；汇出地点、汇出行名称；委托日期和汇款人签章等。缺少其中之一的，银行不予受理
- 汇款人和收款人均为个人，需在汇入银行支取现金的，应在信、电汇凭证的“汇款金额”大写栏，先填写“现金”字样，后填写汇款金额
- 汇款回单只能作为汇出银行受理汇款的依据，不能作为该笔汇款转入收款人账户的证明
- 汇兑按解付方式不同，分为直接入账和不直接入账两种。不直接入账的款项应先贷记“应解汇款及临时存款”科目，然后按收款人的意见办理解付。但严禁转入储蓄和信用卡账户

- 对于收款人要求分次支付的汇款，应开立临时存款户，该户只付不收，付完清户，不计利息
- 汇入银行对于收款人拒收汇款或经过两个月无法交付的汇款，应主动办理退汇

3. 电汇和信汇的区别

电汇与信汇是同一种类型的结算方式，基本做法相似，主要有以下三点不同：

（1）凭证的联次不同。信汇由四联凭证组成，第一联回单，第二联借方传票，第三联贷方传票，第四联收账通知或取款收据。电汇由三联凭证组成，第一联回单，第二联借方传票，第三联发电依据。

（2）传递方式不同。信汇的传递采用邮寄方式，而电汇的传递采用拍发电报方式。

（3）填制报单不同。电汇在传递中所缺少的凭证，由汇入行根据电报译制成电划贷方补充报单。

以异地信汇为例的核算程序如图 S9-1 所示。

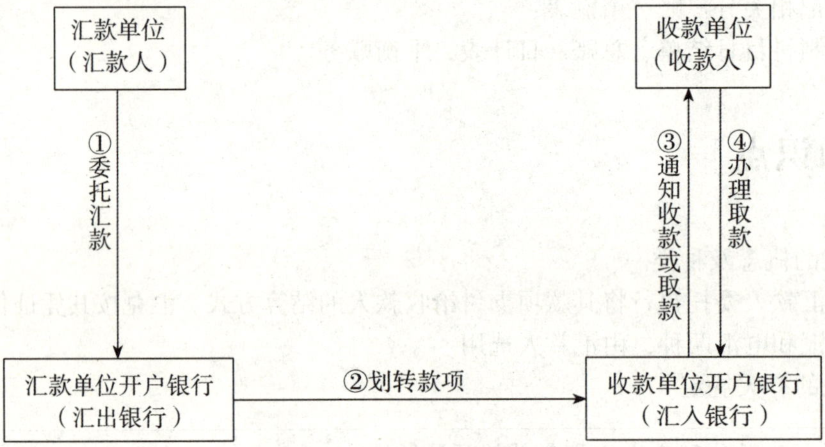

图 S9-1　汇兑结算的基本流程

4. 汇兑的核算

（1）汇出行的处理

第一步：审查。

营业柜台受理汇款人提交的一式四联信汇凭证或一式三联电汇凭证时，应认真审查：

- 内容是否齐全、清晰
- 汇款人账户内是否有足够支付的余额
- 汇款人的签章是否与预留银行签章相符
- 填明“现金”字样的信汇凭证，应审查汇款人和收款人是否均为个人
- 汇款人要求不得转汇的，是否注明“不得转汇”字样
- 收款人在汇入行开户的汇款，是否直接汇入其账户；凡不在汇入行开户的，是否在凭证各联注明“留行待取”字样

第二步：审查无误后，受理。

- 第一联信汇或电汇凭证加盖转讫章（或现金收讫章）退给汇款人
- 以转账方式交付的，以第二联信汇或电汇凭证作借方记账凭证
- 以现金方式交付的，填制一联现金收入传票，第二联信汇或电汇凭证作借方凭证
- 转账后，采用信汇的，在第三联信汇凭证上加盖联行专用章，与第四联随同联行邮划贷方报单寄汇入行
- 转账后，采用电汇的，根据第三联电汇凭证编制三联电划贷方报单，凭以向汇入行拍发电报

第三步：作会计分录。

借：活期存款——××申请人户

　贷：联行往账

现金交付的会计分录为：

借：库存现金

　贷：应解汇款及临时存款——汇款人户

借：应解汇款及临时存款——汇款人户

　贷：联行往账

（2）汇入行的处理

汇入行接到汇出行寄来的邮划贷方报单和第三、四联信汇凭证应作如下处理：

第一步：审查。

- 汇兑凭证收款人是否在本行开户
- 现金汇款，收款人和汇款人是否均为个人
- 第三联信汇凭证上的联行专用章与联行报单印章是否一致

第二步：审核无误后，分不同情况作如下处理：

①直接收账的，第三联信汇凭证作贷方凭证。其会计分录为：

借：联行来账

　贷：活期存款——收款人户

第四联信汇凭证加盖转讫章作收账通知交给收款人。

②不直接收账的，第三联信汇凭证作贷方凭证。其会计分录为：

借：联行来账

　贷：应解汇款及临时存款——收款人户

登记应解汇款登记簿，在信汇凭证上编列应解汇款顺序号，第四联留存保管，另以便条通知收款人来行办理取款手续。

收款人来行取款时，汇入行抽出第四联信汇凭证，验对取款人的有关证件。

收款人需要提取现金的，凭证上必须有按规定填明的“现金”字样。此时另填制现金付出传票，第四联信汇凭证为附件。其会计分录为：

借：应解汇款及临时存款——收款人户

　贷：库存现金

同时销记“应解汇款登记簿”。

收款人要求转汇的，应重新办理汇款手续，在转汇的信汇凭证第三联加盖“转汇”戳记。原信汇凭证注明不得转汇的，汇入行不予办理转汇。

采用电汇的，汇入行接到汇出行发来的电报，经审核无误后，应编制四联电划贷方补充报单。第一联代联行来账卡片，第二联来账报告卡，第三联作转账贷方传票入账，第四联加盖转讫章代收账通知交给收款人或作为借方传票的附件。

[实验内容]

中国惠通银行北京顺至支行2013年8月份发生下列经济业务：

(1) 20日，收到在本行开户的滨江亚麻厂交来信汇凭证一份，要求将36 000元货款汇给在中国惠通银行杭州金华支行开户的捷利工厂。经审查无误后，汇款额从其存款户扣除（所用单式见表S9-1、表S9-2、表S9-3、表S9-4、表S9-5、表S9-6、表S9-7、表S 9-8、表S9-9)。

(2) 20日，收到在本行开户的滨江机械厂交来电汇凭证一份，要求将22 000元货款汇给在中国惠通银行杭州金华支行开户的天通公司。经审查无误后，汇款额从其存款户扣除（所用单式见表S9-10、表S9-11、表S9-12、表S9-13、表S9-14、表S9-15)。

(3) 20日，收到中国惠通银行杭州金华支行转来的邮划贷方报单及信汇凭证，金额76 000元，付款人为轴承厂，收款人为在本行开户的滨江亚麻厂。经审查无误后，予以入账（所用单式见表S9-16、表S9-17、表S9-18、表S9-19、表S9-20)。

(4) 20日，收到中国惠通银行杭州金华支行发来的电报，金额为90 000元，付款人为天河工厂，收款人为在本行开户的滨江机械厂。经审查无误后，予以入账（所用单式见表S9-21、表S9-22、表S9-23、表S9-24、表S9-25)。

[实验材料]

信汇凭证、电汇凭证、邮划贷方报单、电划贷方补充报单、转账借方传票、转账贷方传票、电划贷方报单。

表 S9-1

××银行信汇凭证（回单）　1

委托日期 2013 年 08 月 20 日

第　　号

汇款人	全　称	滨江亚麻厂			收款人	全　称	捷利工厂							
	账　号或住址	05160104000001				账　号或住址	04200104110101							
	汇　出地　点	省北京市县	汇出行名　称	顺至支行		汇　入地　点	浙江省杭州市县	汇入行名　称	金华支行					
金额	人民币（大写）叁万陆仟元整						千	百	十	万	千	百	十	元	角	分
									¥	3	6	0	0	0	0	0
汇款用途：贷款							汇出行盖章 年　月　日							
单位主管　会计　复核　记账														

此联为汇出行给汇款人的回单

表 S9-2

××银行信汇凭证（借方凭证）　2

委托日期 2013 年 08 月 20 日

第　　号

应解汇款编号

汇款人	全　称	滨江亚麻厂			收款人	全　称	捷利工厂							
	账　号或住址	05160104000001				账　号或住址	04200104110101							
	汇　出地　点	省北京市县	汇出行名　称	顺至支行		汇　入地　点	浙江省杭州市县	汇入行名　称	金华支行					
金额	人民币（大写）叁万陆仟元整						千	百	十	万	千	百	十	元	角	分
									¥	3	6	0	0	0	0	0
汇款用途：贷款							科目（借） 对方科目（贷） 汇出行汇出日期　年　月　日 复核　记账							
此汇款支付给收款人 汇款人签章														

此联汇出行作借方凭证

表 S9-3

××银行信汇凭证（贷方凭证） 3

委托日期 2013 年 08 月 20 日

第　　号
应解汇款编号

汇款人	全　称	滨江亚麻厂				收款人	全　称	捷利工厂										
	账　号 或住址	05160104000001					账　号 或住址	04200104110101										
	汇　出 地　点	省北京市县	汇出行 名　称	顺至支行			汇　入 地　点	浙江省杭州市县	汇入行 名　称	金华支行								
金额	人民币 （大写）	叁万陆仟元整						千	百	十	万	千	百	十	元	角	分	
										¥	3	6	0	0	0	0	0	
汇款用途：贷款								科目（贷）________										
备注：								对方科目（借）________										
								汇入行转账日期　年　月　日 复核　记账										

此联汇入行作贷方凭证

表 S9-4

××银行信汇凭证（收账通知或取款收据） 4

委托日期 2013 年 08 月 20 日

第　　号
应解汇款编号

汇款人	全　称	滨江亚麻厂				收款人	全　称	捷利工厂										
	账　号 或住址	05160104000001					账　号 或住址	04200104110101										
	汇　出 地　点	省北京市县	汇出行 名　称	顺至支行			汇　入 地　点	浙江省杭州市县	汇入行 名　称	金华支行								
金额	人民币 （大写）	叁万陆仟元整						千	百	十	万	千	百	十	元	角	分	
										¥	3	6	0	0	0	0	0	
汇款用途：贷款								留行待取预留 收款人印鉴										
款项已收入收款人账户 汇入行盖章 年　月　日			款项已收妥 收款人盖章 年　月　日					科目（借）________ 对方科目（贷）________ 汇入行解汇日期　年　月　日 复核　出纳　记账										

此联为给收款人的收账通知或代取款收据

表S9-5 中国××银行**邮划**贷方报单 （来账卡片） **1**

<table>
<tr><td rowspan="2">发报行</td><td>行号</td><td></td><td>编制 年 月 日</td><td rowspan="2">收报行</td><td>行号</td><td></td><td>号码</td></tr>
<tr><td>行名</td><td colspan="2"></td><td>行名</td><td colspan="2"></td></tr>
</table>

<table>
<tr><td>付款人账号或名称</td><td>收款人账号或名称</td><td>千</td><td>百</td><td>十</td><td>万</td><td>千</td><td>百</td><td>十</td><td>元</td><td>角</td><td>分</td></tr>
<tr><td></td><td></td><td></td><td></td><td></td><td></td><td></td><td></td><td></td><td></td><td></td><td></td></tr>
<tr><td></td><td></td><td></td><td></td><td></td><td></td><td></td><td></td><td></td><td></td><td></td><td></td></tr>
<tr><td></td><td></td><td></td><td></td><td></td><td></td><td></td><td></td><td></td><td></td><td></td><td></td></tr>
<tr><td></td><td></td><td></td><td></td><td></td><td></td><td></td><td></td><td></td><td></td><td></td><td></td></tr>
</table>

<table>
<tr><td rowspan="2" colspan="2">合计金额</td><td>亿</td><td>千</td><td>百</td><td>十</td><td>万</td><td>千</td><td>百</td><td>十</td><td>元</td><td>角</td><td>分</td></tr>
<tr><td></td><td></td><td></td><td></td><td></td><td></td><td></td><td></td><td></td><td></td><td></td></tr>
<tr><td colspan="13">事由</td></tr>
<tr><td>附件</td><td colspan="3"></td><td>密押</td><td colspan="4"></td><td>编押</td><td colspan="3"></td></tr>
</table>

<table>
<tr><td rowspan="2">备注：</td><td rowspan="2">发报行</td><td rowspan="2">（发报行联行专用章）</td><td rowspan="2">收报行</td><td>核对印鉴 核押
复核 记账</td></tr>
<tr><td>转账日期 年 月 日</td></tr>
</table>

此联寄收报行转账后代联行来账卡片账

表S9-6 中国××银行**邮划**贷方报单 （来账报告卡） **2**

<table>
<tr><td rowspan="2">发报行</td><td>行号</td><td></td><td>编制 年 月 日</td><td rowspan="2">收报行</td><td>行号</td><td></td><td>号码</td></tr>
<tr><td>行名</td><td colspan="2"></td><td>行名</td><td colspan="2"></td></tr>
</table>

<table>
<tr><td>付款人账号或名称</td><td>收款人账号或名称</td><td>千</td><td>百</td><td>十</td><td>万</td><td>千</td><td>百</td><td>十</td><td>元</td><td>角</td><td>分</td></tr>
<tr><td></td><td></td><td></td><td></td><td></td><td></td><td></td><td></td><td></td><td></td><td></td><td></td></tr>
<tr><td></td><td></td><td></td><td></td><td></td><td></td><td></td><td></td><td></td><td></td><td></td><td></td></tr>
<tr><td></td><td></td><td></td><td></td><td></td><td></td><td></td><td></td><td></td><td></td><td></td><td></td></tr>
<tr><td></td><td></td><td></td><td></td><td></td><td></td><td></td><td></td><td></td><td></td><td></td><td></td></tr>
</table>

<table>
<tr><td rowspan="2">合计金额</td><td>亿</td><td>千</td><td>百</td><td>十</td><td>万</td><td>千</td><td>百</td><td>十</td><td>元</td><td>角</td><td>分</td></tr>
<tr><td></td><td></td><td></td><td></td><td></td><td></td><td></td><td></td><td></td><td></td><td></td></tr>
<tr><td colspan="12">事由</td></tr>
<tr><td colspan="12">附件</td></tr>
</table>

<table>
<tr><td>发报行联行专用章</td></tr>
</table>

此联由收报行随来账报告表寄管辖分行

表 S9-7　　中国××银行**邮划**贷方报单　　（往账报告卡）　**3**

发报行	行号		编制　年　月　日	收报行	行号	号码
	行名				行名	

付款人账号或名称	收款人账号或名称	千	百	十	万	千	百	十	元	角	分	合计金额	亿	千	百	十	万	千	百	十	元	角	分
												事由											
												附件											
备注：																							

此联由发报行随往账报告表寄管辖分行

表 S9-8　　中国××银行**邮划**贷方报单　　（往账卡片）　**4**

发报行	行号		编制　年　月　日	收报行	行号	号码
	行名				行名	

付款人账号或名称	收款人账号或名称	千	百	十	万	千	百	十	元	角	分	合计金额	亿	千	百	十	万	千	百	十	元	角	分
												事由											
												附件		密押				编押					

备注：	发报行	编制　　复核

此联发报行留存代联行往账卡片账

表 S9-9

中国××银行（转账贷方传票）

年　月　日

科目	（贷）		对方科目	（借）

户名或账号	摘　要	金额 千	百	十	万	千	百	十	元	角	分

附单据　张

会计　出纳　复核　记账

表 S9-10

××银行电汇凭证（回单）　1

委托日期 2013 年 08 月 20 日　　第　号

汇款人				收款人			
全称	滨江机械厂			全称	天通公司		
账号或住址	05160104000008			账号或住址	04200104110102		
汇出地点	省北京市县	汇出行名称	顺至支行	汇入地点	浙江省杭州市县	汇入行名称	金华支行

金额	千	百	十	万	千	百	十	元	角	分
人民币（大写）贰万贰仟元整			¥	2	2	0	0	0	0	0

汇款用途：货款

汇出行盖章

单位主管　会计　复核　记账

年　月　日

此联为汇出行给汇款人的回单

表 S9-11

××银行电汇凭证（借方凭证） 2

委托日期 2013 年 08 月 20 日　　　　第　　号

汇款人	全称	滨江机械厂			收款人	全称	天通公司										
	账号或住址	05160104000008				账号或住址	04200104110102										
	汇出地点	北京 省 市/县	汇出行名称	顺至支行		汇入地点	浙江省杭州 市/县	汇入行名称	金华支行								
金额	人民币（大写）	贰万贰仟元整					千	百	十	万	千	百	十	元	角	分	
									¥	2	2	0	0	0	0	0	
汇款用途：贷款							科目（借）										
此汇款支付给收款人 电汇 汇款人签章							对方科目（贷） 汇出行汇出日期　年　月　日 复核　记账										

此联汇出行作借方凭证

表 S9-12

××银行电汇凭证（发电依据） 3

委托日期 2013 年 08 月 20 日　　　　第　　号

汇款人	全称	滨江机械厂			收款人	全称	天通公司										
	账号或住址	05160104000008				账号或住址	04200104110102										
	汇出地点	北京 省 市/县	汇出行名称	顺至支行		汇入地点	浙江省杭州 市/县	汇入行名称	金华支行								
金额	人民币（大写）	贰万贰仟元整					千	百	十	万	千	百	十	元	角	分	
									¥	2	2	0	0	0	0	0	
汇款用途：贷款																	

复核　　　　记账

此联汇出行凭以拍发电报

表 S9-13

中国××银行电划贷方报单（往账报告卡）　**3**

<table>
<tr><td rowspan="2">发报行</td><td>行号</td><td></td><td>编制　年　月　日</td><td rowspan="2">收报行</td><td>行号</td><td></td><td>号码</td></tr>
<tr><td>行名</td><td colspan="2"></td><td>行名</td><td colspan="2"></td></tr>
<tr><td colspan="5">收款单位{账号或地址
收款单位{名　　称
付款单位名称
事　　由</td><td colspan="3">亿 千 百 十 万 千 百 十 元 角 分</td></tr>
<tr><td colspan="4">备注：</td><td>管辖分行</td><td colspan="3">输入　复核
传送日期　年　月　日</td></tr>
</table>

此联由发报行寄管辖分行电子计算中心

表 S9-14

中国××银行电划贷方报单（往账卡片）　**4**

<table>
<tr><td rowspan="2">发报行</td><td>行号</td><td></td><td>编制　年　月　日</td><td rowspan="2">收报行</td><td>行号</td><td></td><td>号码</td></tr>
<tr><td>行名</td><td colspan="2"></td><td>行名</td><td colspan="2"></td></tr>
<tr><td colspan="5">收款单位{账号或地址
收款单位{名　　称
付款单位名称
事　　由</td><td colspan="3">亿 千 百 十 万 千 百 十 元 角 分
密　押</td></tr>
<tr><td colspan="4">备注：</td><td>发报行</td><td colspan="3">编押　核押
编制　复核</td></tr>
</table>

此联发报行留存代联行往账

注：本报单只设置第三、四两联，第一、二联空缺。

表 S9-15

中国××银行（转账贷方传票）

年　月　日

科目	（贷）	对方科目	（借）

户名或账号	摘　要	金额 千	百	十	万	千	百	十	元	角	分

附单据　张

会计　　出纳　　复核　　记账

表 S9-16

××银行信汇凭证（贷方凭证）　3

委托日期 2013 年 08 月 19 日

第　号

应解汇款编号

汇款人	全　称	轴承厂			收款人	全　称	滨江亚麻厂	
	账号或住址	04200104110103				账号或住址	05160104000001	
	汇出地点	浙江省杭州市县	汇出行名称	金华支行		汇入地点	省北京市县	汇入行名称　顺至支行

金额	人民币（大写）柒万陆仟元整	千	百	十	万	千	百	十	元	角	分
				¥	7	6	0	0	0	0	0

汇款用途：货款

备注：

科目（贷）

对方科目（借）

汇入行转账日期　年　月　日

复核　记账

此联汇入行作贷方凭证

表 S9-17

××银行信汇凭证（收账通知或取款收据）　4

委托日期 2013 年 08 月 19 日

第　　号
应解汇款编号

汇款人	全　称	轴承厂			收款人	全　称	滨江亚麻厂		
	账　号 或住址	04200104110103				账　号 或住址	05160104000001		
	汇　出 地　点	浙江省杭州市 县	汇出行 名　称	金华 支行		汇　入 地　点	省北京市 县	汇入行 名　称	顺至 支行

金额	人民币（大写）柒万陆仟元整	千	百	十	万	千	百	十	元	角	分
				¥	7	6	0	0	0	0	0

汇款用途：贷款		留行待取预留 收款人印鉴
款项已收入收款人账户 汇入行盖章 年　月　日	款项已收妥 收款人盖章 年　月　日	科目（借） 对方科目（贷） 汇入行解汇日期　年　月　日 复核　出纳　记账

此联为给收款人的收账通知或代取款收据

表 S9-18

中国××银行邮划贷方报单　（来账卡片）　1

发报行	行号	0420	编制 2013 年 08 月 19 日	收报行	行号	0516	号码
	行名	中国惠通银行杭州金华支行			行名	中国惠通银行北京顺至支行	

付款人账号或名称	收款人账号或名称	千	百	十	万	千	百	十	元	角	分
轴承厂	滨江亚麻厂				¥	7	6	0	0	0	0

合计金额	亿	千	百	十	万	千	百	十	元	角	分
					¥	7	6	0	0	0	0

事由					
附件		密押		编押	

备注：	发报行	（发报行联行专用章）	收报行	核对印鉴　核押 复核　记账 转账日期　年　月　日

此联寄收报行转账后代联行来账卡片账

表 S9-19　　中国××银行**邮划**贷方报单　（来账报告卡）　**2**

发报行	行号	0420	编制 2013 年 8 月 19 日	收报行	行号	0516	号码
	行名	中国惠通银行杭州金华支行			行名	中国惠通银行北京顺至支行	

付款人账号或名称	收款人账号或名称	千	百	十	万	千	百	十	元	角	分	合计金额	亿	千	百	十	万	千	百	十	元	角	分
轴承厂	滨江亚麻厂				¥	7	6	0	0	0	0						¥	7	6	0	0	0	0
												事由											
												附件											

备注：

此联由收报行寄管辖分行电子计算中心

表 S9-20　　中国××银行（转账借方传票）

年　月　日

科目	（借）	对方科目	（贷）

户名或账号	摘　要	千	百	十	万	千	百	十	元	角	分

（金额）

附单据　张

会计　　出纳　　复核　　记账

表 S9-21　　**中国××银行电划贷方报单**（往账卡片）　**1**

发报行	行号		编制　年　月　日	收报行	行号		号码
	行名				行名		

收款单位 { 账号或地址 ________ 　　　　{ 名　　称 ________ 付款单位名称 ________ 事　　由 ________	亿 千 百 十 万 千 百 十 元 角 分 密　押 ________

备注：	收报行	译电　　核押 记账　　复核
		转账日期　年　月　日

此联收报行转账后代联行来账

表 S9-22　　**中国××银行电划贷方报单**（来账报告卡）　**2**

发报行	行号		编制　年　月　日	收报行	行号		号码
	行名				行名		

收款单位 { 账号或地址 ________ 　　　　{ 名　　称 ________ 付款单位名称 ________ 事　　由 ________	亿 千 百 十 万 千 百 十 元 角 分

备注：	管辖分行	输入　　复核
		传送日期　年　月　日

此联由发报行寄管辖分行电子计算中心

表 S9-23　　**中国××银行电划贷方补充报单**（转账贷方传票）　**3**

发报行	行号		编制　　年　　月　　日	收报行	行号		号码
	行名				行名		

收款单位 { 账号或地址 …… { 名　　称 …… 付款单位名称 …… 事　　由 ……	亿 千 百 十 万 千 百 十 元 角 分 应解汇款编号
备注：	收报行：科目（贷） 对方科目（借） 记账　　复核 转账日期　　年　　月　　日

此联代银行转账收入传票

表 S9-24　　**中国××银行电划贷方补充报单**（收款通知）　**4**

发报行	行号		编制　　年　　月　　日	收报行	行号		号码
	行名				行名		

收款单位 { 账号或地址 …… { 名　　称 …… 付款单位名称 …… 事　　由 ……		亿 千 百 十 万 千 百 十 元 角 分 应解汇款编号
上列款项已代转账，如有错误，请持此联来行面洽。此致（开户单位） （银行盖章） 年　　月　　日	上列款项已照收无误 证件名称 证件号码 （收款单位盖章） 年　　月　　日	科目（贷） 对方科目（借） 记账　　复核 转账日期　　年　　月　　日

此联代收款通知

表 S9-25

中国××银行（转账借方传票）

年 月 日

科目	（借）		对方科目	（贷）

户名或账号	摘 要	金 额									
		千	百	十	万	千	百	十	元	角	分

附单据 张

会计 出纳 复核 记账

[注意事项]

1. 注意信汇和电汇的区别。
2. 注意和联行业务结合进行实验。
3. 注意妥善保管会计凭证，杜绝丢失与损毁。
4. 注意凭证各个联次的作用和处理。

二、银行日终业务

[实验目的和要求]

1. 实验目的

通过熟悉银行日终业务的处理过程、要求和方法，熟练掌握余额表、科目日结单、总账的登记技能，最终轧平账务，填制日计表，进行每日账务核对，并进行当日传票的整理与装订。

2. 实验要求

根据银行日间发生的业务做好日终业务的处理工作：

（1）填列余额表；

（2）编制科目日结单；

（3）登记总账；

（4）填制日计表；

（5）账务核对；

（6）整理装订传票。

[关键知识点]

在日终业务的处理过程中，关键在于掌握科目日结单的填制方法，它是监督明细账户发生额、轧平当日账务的重要工具，是登记总账的依据。

银行的账务组织包括明细核算和综合核算两大系统。明细核算按账户设置分户账、登记簿和余额表；综合核算按科目编制科目日结单、登记总账和填制日计表。本实验商业银行的日终处理从填列余额表开始。

1. 填列余额表

余额表是核对总账与分户账余额和计算利息的重要工具，分为计息余额表和一般余额表两种。

计息余额表的编制

- 计息余额表适用于计息科目
- 按科目分户设置
- 每日营业终了，根据各科目分户账的最后余额抄列，当日没有发生额的账户或遇例假日，应根据上一日余额填列
- 每旬旬末、每月月末，应结出 10 天、20 天小计和全月合计，并与总账核对相符
- 如有应加应减积数，应分别填入应加积数、应减积数栏，以结出各个账户“至本月底的累计未计息积数”，并结转次月余额表的“至上月底计息积数”栏

一般余额表的编制

- 一般余额表适用于不计息科目
- 抄制各种科目及账户余额，按各分户账的当日最后余额编制
- 每日填记后，还应按科目加记余额合计数，并与总账同一科目余额核对相符

2. 编制科目日结单

科目日结单是每一个会计科目当日借贷方发生额和凭证、附件张数的汇总记录，是监督明细账户发生额、轧平当日账务的重要工具，是记载总账的依据。

科目日结单的填制

科目日结单根据当日各科目的传票分别填制

- 每日营业终了，对于现金以外的科目根据该科目的现金传票和转账传票，分别借方和贷方，各自加计出金额数和传票数，填列在科目日结单的有关栏内
（按规定现金收入传票和现金付出传票应归集在与现金科目相对应的那个科目的科目日结单中）
- 现金科目日结单应根据其他科目日结单中现金部分，分别借贷方计算合计数，反方填列于现金科目日结单中。即：其他科目日结单中的现金借方合计数，填入现金科目日结单的贷方；其他科目日结单中的现金贷方合计数，填入现金科目日结单的借方
- 当天全部科目日结单的借方合计数与贷方合计数应相等

3. 登记总账

总账是综合核算的主要形式。它是各科目的总括记录，是综合核算和明细核算相互核对和统驭明细账的重要工具，也是定期编制各种会计报表的主要依据。

总账的登记

总账按科目设置，设有借、贷方发生额和借、贷方余额四栏，账页每月更换一次

- 总账的记载
  - 每日营业终了，根据各科目日结单的借、贷方发生额合计数填记，每日占一行，并结出当日余额。当日未发生账务的科目（假日亦同），应将上日余额填入当日余额栏内，以便与余额表核对积数
  - 对借、贷双方反映余额的科目，其总账上的余额应根据余额表或各分户账的借方、贷方余额分别加总填记，不得轧差记载

总账各科目的核对公式

- 单方反映余额的

  上日借（贷）方余额+本日借（贷）方发生额−本日贷（借）方发生额=本日借（贷）方余额
- 借、贷双方反映余额的

  如上日余额轧算为借差，其公式如下：

  上日借差+本日借方发生额−本日贷方发生额=本日借、贷方余额轧差数

  如上日余额轧算为贷差，其公式如下：

  上日贷差+本日贷方发生额−本日借方发生额=本日贷、借方余额轧差数

4. 填制日计表

日计表是综合反映各科目当日发生额和余额的报表，也是轧平当日全部业务的主要工具。日计表是银行按日编制的一种会计报表。

日计表的填制

- 日计表中的会计科目按其代号顺序排列，由借、贷方发生额和借、贷方余额四栏组成
- 每日营业终了，根据各科目总账的当日发生额和余额填记，借、贷方的发生额合计数和借、贷方的余额合计数，必须各自平衡

5. 账务核对

账务核对是账务处理的重要环节，是防止账务差错、保证核算正确和资金安全的重要措施。

银行每日核对的内容

- 总分核对
  - 总账各科目的余额应与相应科目的分户账或余额表的余额合计数核对相符
- 账款核对
  - 现金收入、付出日记簿的合计数应与现金科目总账的借、贷方发生额核对相符
  - 现金库存簿的现金库存数应与实际库存现金和现金科目总账的余额核对相符

通过每日核对和定期核对使银行账务达到账账、账款、账证、账实、账表和内外账务完全相符的要求。

6. 整理装订传票

整理装订传票的程序

- 每日营业终了，将记账凭证连同所附的原始凭证折叠整齐，按照银行会计科目表的顺序排列，同一科目的记账凭证则按现收、现付、转账借方、转账贷方的顺序排列
- 将科目日结单分别排列在该科目的记账凭证之前，加具封面和封底，装订成册
- 在封面上应由装订人员注明单位名称、日期、记账凭证的种类及起讫号数，同时注明科目日结单、记账凭证和原始凭证的张数

[实务操作流程]

银行日终业务操作流程见图 2-1。

[实验内容]

中国惠通银行北京顺至支行 2013 年 8 月 20 日发生下列业务：

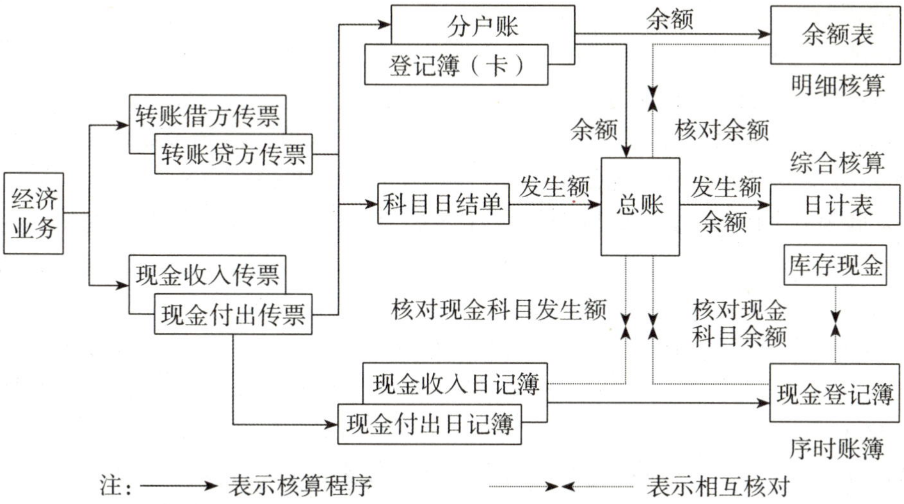

图 2-1　银行日终业务操作流程

（1）滨江亚麻厂签发现金支票，提取备用金 3 000 元。

（2）滨江机械厂存入销货现金 58 000 元。

（3）为活期存款账户计息。各活期存款账户利息分别为：滨江亚麻厂 1 980.87 元；滨江机械厂 3 600 元。存款 8 月 21 日入息。

（4）滨江亚麻厂存入 1 年期定期存款 200 000 元。

（5）滨江机械厂 3 个月期定期存款 100 000 元到期，年利率 1.71%，来行办理转账。

（6）钱程续存活期储蓄存款 1 000 元。

（7）赵红从其活期储蓄账户支取款项 2 000 元。

（8）钱程的 1 年期定期储蓄存款 10 000 元到期，年利率 2.25%，利息 225 元，利息税 45 元，以现金支付其本金和税后利息。

（9）收到信贷部门转来滨江机械厂借款凭证，准予信用贷款 100 000 元，期限半年，年利率 5.4%，经审核无误后，予以转账。

（10）银行发放给滨江亚麻厂的一笔信用贷款 300 000 元到期由银行主动收回，期限 6 个月，利率 5.4%，利随本清。

（11）滨江机械厂提交同行开户的滨江亚麻厂开出的金额为 4 800 元的转账支票及进账单。

（12）滨江亚麻厂提交中国工商银行北京滨江支行开户的装饰公司开出的金额为 30 000元的转账支票及进账单。无退票作收款处理。

（13）交换提入滨江亚麻厂开给中国工商银行北京滨江支行开户的装饰公司的金额为 50 000元的转账支票。

（14）滨江亚麻厂提交本票委托书，申请签发金额为 56 000 元的不定额本票。

（15）滨江机械厂提交同行开户的滨江亚麻厂开出的金额为 4 800 元的不定额本票及进账单。

（16）滨江亚麻厂提交中国工商银行北京滨江支行开户的装饰公司开出的金额为 30 000元的银行本票及进账单。

（17）交换提入滨江亚麻厂开给中国工商银行北京滨江支行开户的装饰公司的金额为

50 000元的银行本票。

（18）滨江亚麻厂提交汇票委托书申请签发收款人为在中国惠通银行杭州金华支行开户的杭州锦华贸易公司，金额为80 000元的银行汇票。

（19）滨江机械厂交来银行汇票二、三联及三联进账单，出票及结算金额均为60 000元，付款人为在中国惠通银行杭州金华支行开户的杭州锦华贸易公司。

（20）收到中国惠通银行杭州金华支行寄来的联行借方报单及解讫通知，出票及结算金额均为70 000元，结清滨江亚麻厂8月2日申请签发的收款人为杭州电机厂的银行汇票。

（21）收到系统内杭州金华支行寄来的邮划贷方报单一、二联及托收凭证第四联，系滨江亚麻厂于8月16日委托本行收取的商业承兑汇票款项，承兑人为杭州锦华贸易公司，金额为1 800元。

（22）北京顺至支行收到系统内杭州金华支行发来的托收凭证及商业承兑汇票，承兑人为本行开户单位滨江机械厂，收款人为杭州金华支行开户单位杭州第一建筑工程公司，汇票金额为3 000元，审核无误后予以办理。

（23）由中国惠通银行北京顺至支行承兑的银行承兑汇票一张已经到期，汇票金额3 500元，收款人为系统内杭州金华支行开户单位电机厂，银行办理向承兑申请人滨江亚麻厂收取票款的处理手续。

（24）承上，收到中国惠通银行杭州金华支行寄来的该笔银行承兑汇票正本及三、四、五联托收凭证，办理划转汇票款手续。

（25）收到系统内杭州金华支行寄来的邮划贷方报单一、二联及托收凭证第四联，系滨江机械厂于8月16日委托本行收取的银行承兑汇票款项，该汇票出票人为杭州金华支行开户单位永华木器厂，金额为3 200元。当即为收款人滨江机械厂办理收款转账。

（26）收到在本行开户的滨江亚麻厂交来信汇凭证一份，要求将36 000元货款汇给在中国惠通银行杭州金华支行开户的捷利工厂。经审查无误后，汇款额从其存款户扣除。

（27）收到在本行开户的滨江机械厂交来电汇凭证一份，要求将22 000元货款汇给在中国惠通银行杭州金华支行开户的天通公司。经审查无误后，汇款额从其存款户扣除。

（28）收到中国惠通银行杭州金华支行转来的邮划贷方报单及信汇凭证，金额76 000元，付款人为轴承厂，收款人为在本行开户的滨江亚麻厂。经审查无误后，予以入账。

（29）收到中国惠通银行杭州金华支行发来的电报，金额为90 000元，付款人为天河工厂，收款人为在本行开户的滨江机械厂。经审查无误后，予以入账。

[实验材料]

计息余额表（见表2-1）、一般余额表（见表2-2）、相关科目日结单（见表2-3至表2-20）、总账（见表2-21至表2-38）、日计表（见表2-39）。

表 2-1

计息余额表

2013 年 8 月份

科目代号：

科目名称：　　　　　　　　　　　　　　　　　　共　页　第　页

账号 / 户名 / 余额 / 日期					复核盖章
户名					
余额	(位数)	(位数)	(位数)	(位数)	
上月底止累计应计息积数					
日期 ⋮ 10 天小计 11 ⋮ 20 天小计 21 ⋮					
本月合计 (本月计息积数)					
应加积数					
应减积数					
本期累计应计息积数					
结息时计算利息数					
备　注					

会计　　　　　　　复核　　　　　　　记账

表 2-2

一般余额表

2013 年 8 月 20 日　　　　共　　页 第　　页

科目代号	户名	摘要	余额 （位数）	科目代号	户名	摘要	余额 （位数）

会计　　　　复核　　　　制表

表 2-3

中国××银行（　　）

科目日结单

年　　月　　日

凭证种类	借方		贷方	
	传票张数	金额（位数）	传票张数	金额（位数）
现金				
转账				
合计				

附件　　张

事后监督　　　　复核　　　　记账　　　　制单

表 2-4

中国××银行（　　）

科目日结单

年　　月　　日

凭证种类	借方		贷方	
	传票张数	金额（位数）	传票张数	金额（位数）
现金				
转账				
合计				

附件　　张

事后监督　　　　复核　　　　记账　　　　制单

表 2-5

中国××银行（　　）

科目日结单

年　　月　　日

凭证种类	借方		贷方	
	传票张数	金额（位数）	传票张数	金额（位数）
现金				
转账				
合计				

附件　　张

事后监督　　　复核　　　记账　　　制单

表 2-6

中国××银行（　　）

科目日结单

年　　月　　日

凭证种类	借方		贷方	
	传票张数	金额（位数）	传票张数	金额（位数）
现金				
转账				
合计				

附件　　张

事后监督　　　复核　　　记账　　　制单

表 2-7

中国××银行（　　）

科目日结单

年　　月　　日

凭证种类	借方		贷方	
	传票张数	金额（位数）	传票张数	金额（位数）
现金				
转账				
合计				

附件　　张

事后监督　　　复核　　　记账　　　制单

表 2-8

中国××银行（　　）

科目日结单

年　　月　　日

凭证种类	借方		贷方	
	传票张数	金额（位数）	传票张数	金额（位数）
现金				
转账				
合计				

附件　　张

事后监督　　复核　　记账　　制单

表 2-9

中国××银行（　　）

科目日结单

年　　月　　日

凭证种类	借方		贷方	
	传票张数	金额（位数）	传票张数	金额（位数）
现金				
转账				
合计				

附件　　张

事后监督　　复核　　记账　　制单

表 2-10

中国××银行（　　）

科目日结单

年　　月　　日

凭证种类	借方		贷方	
	传票张数	金额（位数）	传票张数	金额（位数）
现金				
转账				
合计				

附件　　张

事后监督　　复核　　记账　　制单

表 2-11

中国××银行（　　）

科目日结单

年　月　日

<table>
<tr><td rowspan="3">凭证种类</td><td colspan="2">借方</td><td colspan="2">贷方</td><td rowspan="8">附件

张</td></tr>
<tr><td rowspan="2">传票张数</td><td>金额</td><td rowspan="2">传票张数</td><td>金额</td></tr>
<tr><td>（位数）</td><td>（位数）</td></tr>
<tr><td>现金</td><td></td><td></td><td></td><td></td></tr>
<tr><td></td><td></td><td></td><td></td><td></td></tr>
<tr><td>转账</td><td></td><td></td><td></td><td></td></tr>
<tr><td></td><td></td><td></td><td></td><td></td></tr>
<tr><td>合计</td><td></td><td></td><td></td><td></td></tr>
</table>

事后监督　　　复核　　　记账　　　制单

表 2-12

中国××银行（　　）

科目日结单

年　月　日

<table>
<tr><td rowspan="3">凭证种类</td><td colspan="2">借方</td><td colspan="2">贷方</td><td rowspan="8">附件

张</td></tr>
<tr><td rowspan="2">传票张数</td><td>金额</td><td rowspan="2">传票张数</td><td>金额</td></tr>
<tr><td>（位数）</td><td>（位数）</td></tr>
<tr><td>现金</td><td></td><td></td><td></td><td></td></tr>
<tr><td></td><td></td><td></td><td></td><td></td></tr>
<tr><td>转账</td><td></td><td></td><td></td><td></td></tr>
<tr><td></td><td></td><td></td><td></td><td></td></tr>
<tr><td>合计</td><td></td><td></td><td></td><td></td></tr>
</table>

事后监督　　　复核　　　记账　　　制单

表 2-13

中国××银行（　　）

科目日结单

年　月　日

<table>
<tr><td rowspan="3">凭证种类</td><td colspan="2">借方</td><td colspan="2">贷方</td><td rowspan="8">附件

张</td></tr>
<tr><td rowspan="2">传票张数</td><td>金额</td><td rowspan="2">传票张数</td><td>金额</td></tr>
<tr><td>（位数）</td><td>（位数）</td></tr>
<tr><td>现金</td><td></td><td></td><td></td><td></td></tr>
<tr><td></td><td></td><td></td><td></td><td></td></tr>
<tr><td>转账</td><td></td><td></td><td></td><td></td></tr>
<tr><td></td><td></td><td></td><td></td><td></td></tr>
<tr><td>合计</td><td></td><td></td><td></td><td></td></tr>
</table>

事后监督　　　复核　　　记账　　　制单

表 2-14

中国××银行（　　）

科目日结单

年　　月　　日

凭证种类	借方		贷方	
	传票张数	金额（位数）	传票张数	金额（位数）
现金				
转账				
合计				

附件　　张

事后监督　　　　复核　　　　记账　　　　制单

表 2-15

中国××银行（　　）

科目日结单

年　　月　　日

凭证种类	借方		贷方	
	传票张数	金额（位数）	传票张数	金额（位数）
现金				
转账				
合计				

附件　　张

事后监督　　　　复核　　　　记账　　　　制单

表 2-16

中国××银行（　　）

科目日结单

年　　月　　日

凭证种类	借方		贷方	
	传票张数	金额（位数）	传票张数	金额（位数）
现金				
转账				
合计				

附件　　张

事后监督　　　　复核　　　　记账　　　　制单

表 2–17

中国××银行（　　）

科目日结单

年　　月　　日

凭证种类	借方		贷方	
	传票张数	金额（位数）	传票张数	金额（位数）
现金				
转账				
合计				

附件　　张

事后监督　　　　复核　　　　记账　　　　制单

表 2–18

中国××银行（　　）

科目日结单

年　　月　　日

凭证种类	借方		贷方	
	传票张数	金额（位数）	传票张数	金额（位数）
现金				
转账				
合计				

附件　　张

事后监督　　　　复核　　　　记账　　　　制单

表 2–19

中国××银行（　　）

科目日结单

年　　月　　日

凭证种类	借方		贷方	
	传票张数	金额（位数）	传票张数	金额（位数）
现金				
转账				
合计				

附件　　张

事后监督　　　　复核　　　　记账　　　　制单

表 2-20

中国××银行（　　）

科目日结单

年　　月　　日

凭证种类	借方		贷方		
	传票张数	金额（位数）	传票张数	金额（位数）	附件
现金					
					张
转账					
合计					

事后监督　　复核　　记账　　制单

表 2-21

中国××银行（　　）

总　　账

科目代号：__________

科目名称：__________　　第　　号

年		发生额		余额		核对盖章
月	日	借方	贷方	借方	贷方	复核员

会计　　复核　　记账

表 2-22

中国××银行（　　）

总　　账

科目代号：__________

科目名称：__________　　第　　号

年		发生额		余额		核对盖章
月	日	借方	贷方	借方	贷方	复核员

会计　　复核　　记账

表 2-23

中国××银行（　　）

总　　账

科目代号：________________

科目名称：________________　　　　第　　号

年		发生额		余额		核对盖章
月	日	借方	贷方	借方	贷方	复核员

会计　　　　复核　　　　记账

表 2-24

中国××银行（　　）

总　　账

科目代号：________________

科目名称：________________　　　　第　　号

年		发生额		余额		核对盖章
月	日	借方	贷方	借方	贷方	复核员

会计　　　　复核　　　　记账

表 2-25

中国××银行（　　）

总　　账

科目代号：________________

科目名称：________________　　　　第　　号

年		发生额		余额		核对盖章
月	日	借方	贷方	借方	贷方	复核员

会计　　　　复核　　　　记账

表 2-26

中国××银行（　　）

总　　账

科目代号：________

科目名称：________　　　　第　　号

年		发生额		余额		核对盖章
月	日	借方	贷方	借方	贷方	复核员

会计　　　　复核　　　　记账

表 2-27

中国××银行（　　）

总　　账

科目代号：________

科目名称：________　　　　第　　号

年		发生额		余额		核对盖章
月	日	借方	贷方	借方	贷方	复核员

会计　　　　复核　　　　记账

表 2-28

中国××银行（　　）

总　　账

科目代号：________

科目名称：________　　　　第　　号

年		发生额		余额		核对盖章
月	日	借方	贷方	借方	贷方	复核员

会计　　　　复核　　　　记账

表 2-29

中国××银行（　　）

总　　账

科目代号：________________

科目名称：________________　　　　　　　　　　第　　号

年		发生额		余额		核对盖章
月	日	借方	贷方	借方	贷方	复核员

会计　　　　复核　　　　记账

表 2-30

中国××银行（　　）

总　　账

科目代号：________________

科目名称：________________　　　　　　　　　　第　　号

年		发生额		余额		核对盖章
月	日	借方	贷方	借方	贷方	复核员

会计　　　　复核　　　　记账

表 2-31

中国××银行（　　）

总　　账

科目代号：________________

科目名称：________________　　　　　　　　　　第　　号

年		发生额		余额	
月	日	借方	贷方	借方	贷方

会计　　　　复核　　　　记账

表 2-32

中国××银行（　　）

<u>总　　账</u>

科目代号：________________

科目名称：________________　　　　　　　　第　　号

年		发生额		余额		核对盖章
月	日	借方	贷方	借方	贷方	复核员

会计　　　　复核　　　　记账

表 2-33

中国××银行（　　）

<u>总　　账</u>

科目代号：________________

科目名称：________________　　　　　　　　第　　号

年		发生额		余额		核对盖章
月	日	借方	贷方	借方	贷方	复核员

会计　　　　复核　　　　记账

表 2-34

中国××银行（　　）

<u>总　　账</u>

科目代号：________________

科目名称：________________　　　　　　　　第　　号

年		发生额		余额		核对盖章
月	日	借方	贷方	借方	贷方	复核员

会计　　　　复核　　　　记账

表 2-35

中国××银行（　　）

总　　账

科目代号：＿＿＿＿＿＿＿＿

科目名称：＿＿＿＿＿＿＿＿　　　　第　　号

年		发生额		余额		核对盖章
月	日	借方	贷方	借方	贷方	复核员

会计　　　　复核　　　　记账

表 2-36

中国××银行（　　）

总　　账

科目代号：＿＿＿＿＿＿＿＿

科目名称：＿＿＿＿＿＿＿＿　　　　第　　号

年		发生额		余额		核对盖章
月	日	借方	贷方	借方	贷方	复核员

会计　　　　复核　　　　记账

表 2-37

中国××银行（　　）

总　　账

科目代号：＿＿＿＿＿＿＿＿

科目名称：＿＿＿＿＿＿＿＿　　　　第　　号

年		发生额		余额		核对盖章
月	日	借方	贷方	借方	贷方	复核员

会计　　　　复核　　　　记账

表 2-38

中国××银行（　　）

总　账

科目代号：________

科目名称：________

第　　号

年		发生额		余额		核对盖章
月	日	借方	贷方	借方	贷方	复核员

会计　　　　复核　　　　记账

表 2-39

日 计 表

年　月　日　　　　共　页　第　页

序号	科目名称	发生额		余额		科目代号
		借方	贷方	借方	贷方	
		（位数）	（位数）	（位数）	（位数）	
合计						

行长（主任）　　　　会计　　　　复核　　　　制表

［注意事项］

1. 转抄数据保证其正确性。
2. 计算数据保证其准确性。
3. 凭证清分保证其准确性。
4. 按照日终处理的各项要求严格操作。

第三部分　综合业务操作

[实验目的和要求]

1. 实验目的

通过本部分实验，熟练掌握银行基本业务会计处理方法，掌握资产负债表、利润表、现金流量表的编制方法。

2. 实验要求

（1）完成各项业务会计分录；

（2）过入“T”字账户，轧计各科目期末余额；

（3）编制资产负债表、利润表、利润分配表及现金流量表 。

[实验内容]

2013 年中国惠通银行顺至支行业务资料。

1. 期初余额

2013 年 12 月初顺至支行各科目余额见表 3-1。

表 3-1　**期初各科目余额表**　单位：元

一、资产类	借方余额	二、负债类	贷方余额
库存现金	380 000	吸收存款——单位活期存款	77 000 000
银行存款	2 700 000	吸收存款——单位定期存款	26 000 000
存放中央银行款项	46 000 000	吸收存款——活期储蓄存款	2 200 000
存放同业	1 880 000	吸收存款——定期储蓄存款	70 000 000
拆出资金	15 800 000	吸收存款——应解汇款及临时存款	1 020 000
贷款——短期贷款	41 000 000	吸收存款——汇出汇款	180 000
贷款——中长期贷款	65 000 000	其他应付款	794 000
贷款——抵押贷款	800 000	向中央银行借款	6 000 000
贷款——逾期贷款	400 000	同业存放	
减：贷款损失准备	1 081 000	存入保证金	310 000
贴现资产	1 300 000	应付票据	100 000
应收利息	560 000	应付利息	778 000

续表

一、资产类	借方余额	二、负债类	贷方余额
减：坏账准备	17 000	应付职工薪酬——应付工资	54 000
其他应收款	22 000	应付职工薪酬——应付福利费	10 000
交易性金融资产	210 000	应交税费	800 000
长期股权投资	5 000 000	应付股利	
减：长期股权投资减值准备		长期借款	500 000
固定资产	3 222 000	应付债券	4 000 000
减：累计折旧	700 000	长期应付款	60 000
在建工程	700 000	三、所有者权益	贷方余额
无形资产		实收资本	4 000 000
长期待摊费用	30 000	资本公积	200 000
		盈余公积	200 000
		利润分配——未分配利润	
四、资产负债共同类	借方余额		贷方余额
联行往账			
联行来账			
上年联行往账			5 000 000
上年联行来账	12 000 000		
分行辖内往来			3 000 000
全国联行汇差			8 000 000
汇差资金划拨	7 000 000		
信贷资金调拨	8 000 000		
外汇买卖			
合计	210 206 000		210 206 000

2. 本期发生业务

（1）市土特产公司存入销货款现金 8 万元；

（2）电视机厂将活期存款 30 万元转存 1 年期定期；

（3）本行向鸿图公司发放短期信用贷款 50 万元；

（4）本行向康健公司发放 100 万元 3 年期抵押贷款；

（5）美尔服装厂持 2014 年 2 月 18 日到期的金额 50 万元省外银行承兑汇票申请贴现，本行于 2013 年 12 月 18 日受理，贴现率为 2.1‰；

（6）同业转来本行存款利息收入 10 万元；

（7）本行发行 3 年期金融债券 200 万元；

（8）本行开户单位纺织厂申请使用银行汇票，本行审查后予以受理，签发汇票，金额 180 万元；

（9）本行开户单位水泥厂申请使用银行本票，本行予以受理，签发面额 40 万元银行本票；

（10）敏捷家电商场短期贷款 80 万元本日已到期，不能偿还转作逾期；

（11）本行向佳信电子公司发放 3 年期贷款 100 万元；

（12）向同业拆出资金 85 万元；

（13）向金融企业拆出资金 50 万元；

（14）投资购入短期国债 180 万元，通过人民银行付款；

（15）投资购入长期国债 100 万元，通过人民银行付款；

（16）吸收财政性现金存款 50 万元；

（17）存入同业款项 80 万元；

（18）吸收个人活期储蓄存款 170 万元；

（19）吸收个人定期储蓄存款 100 万元；

（20）吸收同业存款 40 万元；

（21）向人民银行缴存现金 240 万元；

（22）上划上年联行往账贷方余额 500 万元，上划上年联行来账借方余额 1 200 万元；

（23）解付应解汇款 100 万元，其中纺织厂 40 万元，敏捷家电商场 60 万元；

（24）支付单位活期存款利息 68 万元；

（25）计提长期贷款利息收入 200 万元；

（26）向人民银行借款 70 万元；

（27）应客户申请开出国内信用证，收取保证金现金 4 万元；

（28）收回 3 个月到期短期债券投资 15 万元，同时收取利息 2 700 元；

（29）摊销长期待摊费用 15 000 元；

（30）计提固定资产折旧 5 万元；

（31）计提各类贷款损失准备 110 万元；

（32）计提坏账准备 2 万元；

（33）计提长期投资减值准备 5 万元；

（34）收到省外系统内银行电汇贷方报单，汇入本行应解汇款 10 万元；

（35）受理开户单位无缝钢厂电汇省外系统内银行开户单位货款 5 万元；

（36）办公用房 5 间完工交付使用，总价值 55 万元；

（37）计提同业存放款项应计利息 8 万元；

（38）核算应缴营业税 5 万元、城市维护建设税 3 400 元及教育费附加 1 000 元；

（39）收到人民银行代收贷款利息收入 150 万元收账通知；

（40）上年所得税 40 万元上划总行；

（41）现金支付职工工资 5 万元；

（42）根据上述联行业务轧计联行汇差（假定上述联行业务均在 12 月同一日发生）；

（43）将各收入、支出科目余额结转本年利润；

（44）结转本年应交所得税（所得税税率25%）；

（45）将本年利润余额结转至“利润分配——未分配利润”账户；

（46）分别按税后利润10%和5%的比例提取法定盈余公积和任意盈余公积；

（47）将法定盈余公积和任意盈余公积结转至“利润分配——未分配利润”账户。

[实验材料]

相关科目“T”字账户、期末各科目余额表（见表3-2）、资产负债表（见表3-3）、利润表（见表3-4）、利润分配表（见表3-5）、现金流量表工作底稿（见表3-6）、现金流量表（见表3-7）。

库存现金

期初余额	

银行存款

期初余额	

存放中央银行款项

期初余额	

存放同业

期初余额	

拆出资金

期初余额	

贷款——短期贷款

期初余额	

贷款——中长期贷款

期初余额	

贷款——抵押贷款

期初余额	

贷款——逾期贷款

期初余额	

贷款损失准备

	期初余额

贴现资产

期初余额	

应收利息

期初余额	

坏账准备

	期初余额

其他应收款

期初余额	

交易性金融资产

期初余额	

长期股权投资

期初余额	

长期股权投资减值准备

	期初余额

固定资产

期初余额	

累计折旧

	期初余额

在建工程

期初余额	

长期待摊费用

期初余额	

吸收存款——单位活期存款

	期初余额

吸收存款——单位定期存款

	期初余额

吸收存款——活期储蓄存款

	期初余额

吸收存款——定期储蓄存款

	期初余额

吸收存款——应解汇款及临时存款

	期初余额

吸收存款——汇出汇款

	期初余额

向中央银行借款

	期初余额

存入保证金

	期初余额

应付票据

	期初余额

应付利息	
	期初余额

应付职工薪酬——应付工资	
	期初余额

应付职工薪酬——应付福利费	
	期初余额

应交税费	
	期初余额

应付股利	
	期初余额

长期借款	
	期初余额

应付债券	
	期初余额

长期应付款	
	期初余额

利息收入	

手续费及佣金收入	

利息支出	

手续费及佣金支出	

投资收益	

营业税金及附加	

本年利润	

实收资本	
	期初余额

资本公积	
	期初余额

盈余公积	
	期初余额

利润分配——未分配利润

	期初余额

联行往账

联行来账

上年联行往账

	期初余额

上年联行来账

期初余额	

分行辖内往来

	期初余额

全国联行汇差

	期初余额

汇差资金划拨

期初余额	

信贷资金调拨

期初余额	

所得税费用

表 3-2　**期末各科目余额表**　单位：元

一、资产类	借方余额	二、负债类	贷方余额
库存现金		吸收存款——单位活期存款	
银行存款		吸收存款——单位定期存款	
存放中央银行款项		吸收存款——活期储蓄存款	
存放同业		吸收存款——定期储蓄存款	
拆出资金		吸收存款——应解汇款及临时存款	
贷款——短期贷款		吸收存款——汇出汇款	
贷款——中长期贷款		其他应付款	
贷款——抵押贷款		向中央银行借款	
贷款——逾期贷款		同业存放	

续表

一、资产类	借方余额	二、负债类	贷方余额
减：贷款损失准备		存入保证金	
贴现资产		应付票据	
应收利息		应付利息	
减：坏账准备		应付职工薪酬——应付工资	
其他应收款		应付职工薪酬——应付福利费	
交易性金融资产		应交税费	
长期权投资		应付股利	
减：长期股权投资减值准备		长期借款	
固定资产		应付债券	
减：累计折旧		长期应付款	
在建工程		三、所有者权益	贷方余额
无形资产		实收资本	
长期待摊费用		资本公积	
		盈余公积	
		利润分配——未分配利润	
四、资产负债共同类	借方余额		贷方余额
联行往账			
联行来账			
上年联行往账			
上年联行来账			
分行辖内往来			
全国联行汇差			
汇差资金划拨			
信贷资金调拨			
外汇买卖			
合计			

表 3-3　　　　　　　　　　**资产负债表**　　　　　　　　　　会商银 01 表

编制单位：　　　　　　　　________年____月____日　　　　　　　　单位：元

资产	期末余额	年初余额	负债和所有者权益（或股东权益）	期末余额	年初余额
资产：			负债：		
现金及存放中央银行款项			向中央银行借款		
存放同业款项			同业及其他金融机构存放款项		
贵金属			拆入资金		
拆出资金			交易性金融负债		
交易性金融资产			衍生金融负债		
衍生金融资产			卖出回购金融资产款		
买入返售金融资产			吸收存款		
应收款项类债权投资			应付职工薪酬		
应收利息			应交税费		
发放贷款和垫款			应付利息		
可供出售金融资产			预计负债		
持有至到期投资			应付债券		
长期股权投资			递延所得税负债		
投资性房地产			其他负债		
固定资产			负债合计		
无形资产					
商誉			所有者权益（或股东权益）：		
递延所得税资产			实收资本（或股本）		
其他资产			资本公积		
			减：库存股		
			盈余公积		
			一般风险准备		
			未分配利润		
			外币报表折算差额		
			归属于母公司的所有者权益合计		
			少数股东权益		
			所有者权益（或股东权益）合计		
资产总计			负债和所有者权益（或股东权益）总计		

表 3-4

利润表

会商银 02 表

编制单位：　　　　　　　　　　　　　________年____月____日　　　　　　　　　　　　单位：元

项目	本期金额	上期金额
一、营业收入		
利息净收入		
利息收入		
利息支出		
手续费及佣金净收入		
手续费及佣金收入		
手续费及佣金支出		
投资收益（损失以"-"号填列）		
其中：对联营企业和合营企业的投资收益		
公允价值变动收益（损失以"-"号填列）		
汇兑收益（损失以"-"号填列）		
其他业务收入		
二、营业支出		
营业税金及附加		
业务及管理费		
资产减值损失		
其他业务成本		
三、营业利润（亏损以"-"号填列）		
加：营业外收入		
减：营业外支出		
四、利润总额（亏损总额以"-"号填列）		
减：所得税费用		
五、净利润（亏损以"-"号填列）		
归属于母公司所有者的净利润		
少数股东损益		
六、每股收益：		
（一）基本每股收益		
（二）稀释每股收益		
七、其他综合收益		
八、综合收益总额		
归属于母公司所有者的综合收益总额		
归属于少数股东的综合收益总额		

表 3-5

利润分配表

编制单位：　　　　　　　　　　________年　　　　　　　　　　单位：元

项目	行次	本年实际	上年实际
一、净利润			
加：年初未分配利润			
二、可供分配的利润			
加：盈余公积补亏			
减：提取盈余公积			
应付利润			
三、未分配利润			

表 3-6

现金流量表工作底稿（间接法）

编制单位：　　　　　　　　　　________年度　　　　　　　　　　单位：元

项目	期初余额	分析记录		期末余额
		借方	贷方	
一、资产负债表各项目				
现金及存放中央银行款项				
应收账款净额				
其他应收款				
贷款净额				
长短期投资净值				
固定资产和在建工程				
减：累计折旧				
长期待摊费用				
小计				
吸收存款				
拆入资金				
应付账款				
其他应付款				
应交税费				
应付职工薪酬——应付工资				
应付职工薪酬——应付福利费				

续表

项目	期初余额	分析记录		期末余额
		借方	贷方	
应付股利				
应付债券				
长期借款				
长期应付款				
实收资本				
资本公积				
盈余公积				
未分配利润				
合计				
二、现金流量表各项目				
经营活动产生的现金流量				
净利润				
加（减）：				
固定资产折旧计提				
递延资产摊销				
应付账款的增加				
其他应付款的增加				
应付职工薪酬的增加（减少）				
应交税费的增加				
出售固定资产损失				
吸收存款的增加				
贷款的增加				
应收账款的减少（增加）				
其他应收款的增加（减少）				
投资活动产生的现金流量				
出售固定资产收入				
进行长短期投资				

续表

项目	期初余额	分析记录		期末余额
		借方	贷方	
购建固定资产				
增加长期待摊费用支出				
筹资活动产生的现金流量				
接受现金投资				
发行债券收现				
拆入资金				
借入长期借款				
增加长期应付款				
支付投资者利润				
非常项目现金流量				
罚款净收入				
本期现金增加数				

注：过入工作底稿时，有些项目合并后填列，其关系如下：

现金及存放中央银行款项=库存现金+银行存款+存放中央银行款项+存放同业款项+贵金属

应收账款净额=应收账款+应收进出口押汇-坏账准备

贷款净额=拆放同业+拆放金融性公司+短期贷款+中长期贷款+逾期贷款+抵押贷款+贴现负债-贷款呆账准备

吸收存款=短期存款+长期存款+短期储蓄存款+长期储蓄存款+保证金+财政性存款+同业存放款项+联行存放款项（含 1 年内到期的非流动负债中存款部分）+应解汇款+汇出汇款+应收票据

拆入资金=同业拆入+金融性公司拆入+向中央银行借款

长短期投资净值=非现金等价物的长短期投资之和（含 1 年内到期的长期投资）

发行债券=发行短期债券+发行长期债券（含 1 年内到期部分）

表 3-7　　**现金流量表（参考格式）**　　会商银 03 表

编制单位：　　________年____月____日　　单位：元

项目	本期金额	上期金额
一、经营活动产生的现金流量：		
客户存款和同业存放款项净增加额		
向中央银行借款净增加额		
向其他金融机构拆入资金净增加额		
收取利息、手续费及佣金的现金		
收到其他与经营活动有关的现金		

续表

项目	本期金额	上期金额
经营活动现金流入小计		
客户贷款及垫款净增加额		
存放中央银行和同业款项净增加额		
支付利息、手续费及佣金的现金		
支付给职工以及为职工支付的现金		
支付的各项税费		
支付其他与经营活动有关的现金		
经营活动现金流出小计		
经营活动产生的现金流量净额		
二、投资活动产生的现金流量：		
收回投资收到的现金		
取得投资收益收到的现金		
收到其他与投资活动有关的现金		
投资活动现金流入小计		
投资支付的现金		
购建固定资产、无形资产和其他长期资产支付的现金		
支付其他与投资活动有关的现金		
投资活动现金流出小计		
投资活动产生的现金流量净额		
三、筹资活动产生的现金流量：		
吸收投资收到的现金		
发行债券收到的现金		
收到其他与筹资活动有关的现金		
筹资活动现金流入小计		
偿还债务支付的现金		
分配股利、利润或偿付利息支付的现金		
支付其他与筹资活动有关的现金		
筹资活动现金流出小计		
筹资活动产生的现金流量净额		
四、汇率变动对现金及现金等价物的影响		
五、现金及现金等价物净增加额		
加：期初现金及现金等价物余额		
六、期末现金及现金等价物余额		

[注意事项]

1. 保证所作分录的正确性。
2. 过入“T”字账户，轧计各科目期末余额要做到准确无误。
3. 编制资产负债表、利润表、利润分配表及现金流量表时数据计算、过入保证其准确性。

第四部分　金融公司业务

实验一　证券业务

[实验目的和要求]

1. 实验目的

通过本实务操作使学生熟练掌握证券经纪业务中代买卖证券业务核算和操作过程。了解代理申购新股、代理配股、代理客户领取现金股利和利息、债券代理、代理回购业务的账务处理。基本达到能够独立完成代买卖证券业务凭证的填制及基本的账务处理。

2. 实验要求

（1）根据资料填制各类业务凭证；

（2）对证券业务进行处理，编写会计分录。

[关键知识点]

1. 证券公司的有关规定

（1）概念

证券是证明持券人有按照证券所规定的内容取得相应权益的证明书。证券公司又称券商，是指依法设立的可在证券市场上从事证券经营业务的有限责任公司或者股份有限公司。证券公司不仅是证券市场上最重要的中介机构，而且是证券市场的主要参与者。

（2）证券公司业务的种类

根据《中华人民共和国证券法》规定，国家对证券公司实行分类管理，将证券公司分为综合类和经纪类。经纪类证券公司只允许专门从事证券经纪业务，综合类证券公司的证券业务有四种：

- 证券经纪业务，是指证券公司通过其建立的营业网络，接受客户（投资者）委托，按照客户的要求，代理客户买卖证券的活动，主要包括代理买卖证券业务、代理兑付证券业务和代理保管证券业务等
- 证券自营业务，是指证券公司以自己的名义，用公司的资金买卖证券以达到获利目的的证券业务
- 证券承销业务，是指在证券发行过程中，证券公司接受发行人的委托，代理发行人发行证券的活动

- 其他证券业务，是指证券公司经批准在国家许可的范围内进行的除经纪、自营和承销业务以外的如买入返售证券、卖出回购证券及受托资产管理等与证券业务有关的业务

本实验以证券经纪业务为主要内容加以介绍。

（3）证券经纪业务核算的特点

证券经纪业务的特点决定了证券经纪业务的会计核算与一般业务核算有重大差别，具有自身的独特性：

- 最为突出的特点是证券经纪业务的会计核算对证券交易系统（包括硬件系统和软件系统）的高度依赖性，依赖于其稳定性、正确性、及时性和安全性
- 会计核算的原始凭证主要是交易系统的明细电子数据汇总资料；交易系统数据与财务系统数据具有不同的经济含义；交易系统进行明细记载，会计系统进行净额核算；建立严格的核对制度是会计核算正确性的基本保证
- 严格区分收入、支出和代扣代缴款项
- 严格区分自营业务和经纪业务
- 正确划分和调整自有资金和代管资金

2. 证券经纪实务的操作流程

在证券经纪业务中，代买卖证券业务是一项核心业务，具有比较典型的代表性，因此这里以代买卖证券业务为代表介绍业务流程，其他类型的证券经纪业务的内容在核算部分加以说明。证券经纪业务一般须经过开立账户、委托买卖、竞价成交、交易结算四个阶段，由委托人、证券公司、证券交易所、证券交易对象以及登记结算公司等五个参与主体共同完成，如图 4-1 所示：

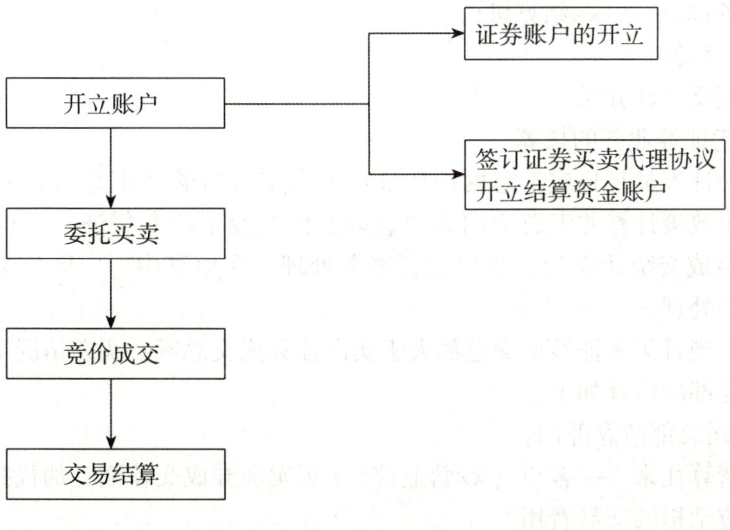

图 4-1 证券经纪业务程序

3. 证券经纪业务的核算

（1）代买卖证券存取的核算

办理代买卖证券存取业务，应按照“存款时先收款再录机，取款时先录机再付款”的原则办理。

①证券营业部每天要发生多笔资金存取业务，因此在会计核算时，会计部门在对各笔业务进行严格核对（包括与交易系统数据的核对）的基础上，汇总各种资金存取方式下的存取凭证，如银行交来的特种转账贷方凭证和对账单，根据存取款的差额入账。

A. 存款大于取款金额时，其会计分录为：

借：银行存款

　贷：代买卖证券款

B. 取款大于存款金额时，其会计分录为：

借：代买卖证券款

　贷：银行存款

②证券公司营业部与公司总部之间调度结算资金的核算。

按照相关规定，证券公司的营业部应将一定比例的结算资金上存公司总部的清算部门。

A. 证券公司营业部上划结算资金时，其会计分录为：

借：交易清算往来

　贷：银行存款

划回时作相反会计分录。

B. 证券公司总部清算部门收到营业部上划的结算资金时，其会计分录为：

借：银行存款

　贷：交易清算往来——客户（××营业部）

划回时作相反会计分录。

C. 公司总部划付资金到登记结算机构的清算账户上时，其会计分录为：

借：结算备付金——××结算机构

　贷：银行存款

划回时作相反会计分录。

（2）代买卖证券业务的核算

证券公司会计人员每日应汇总两份凭证：证券交易所的“汇总清算表”和根据证券营业机构的定价政策计算并汇总应向客户收取的佣金及手续费凭证（营业部则根据总公司发来的“二级成交统计表”），据以进行账务处理。在核算中，应区分买差和卖差两种情况进行不同的处理。

①买差，即当日买入证券成交总额大于卖出证券成交总额。买差情况下证券公司总部清算部门和营业部的核算如下：

A. 证券公司总部清算部门：

借：交易清算往来——客户（××营业部）[买卖证券成交差额，加代扣代交的税费和公司应承担的交易费用]

　贷：结算备付款——客户 [营业部通知公司总部清算部门，按照应向客户收取的佣金和公司应负担的交易费用的差额调整其交易往来中公司和客户资金的余额]

借：交易清算往来——客户（××营业部）
　贷：交易清算往来——公司（××营业部）
借：结算备付款——公司
　贷：结算备付款——客户
B. 营业部：
借：代买卖证券款［交易日买卖证券成交价款的差额，加上代扣代缴的税费和应向客户收取的佣金等手续费］
　贷：交易清算往来——客户

同时：
借：手续费支出——代买卖证券手续费支出［公司应负担的交易费用］
　交易清算往来——公司（××营业部）［公司应向客户收取的佣金和公司应负担的交易费用的差额］
　贷：手续费收入——代买卖证券手续费收入［应向客户收取的佣金等手续费］

②卖差，即当日卖出证券成交总额大于买入证券成交总额。卖差情况下证券公司总部清算部门和营业部的核算如下：

A. 证券公司总部清算部门：
借：结算备付款——客户［买卖证券成交价款差额，减代扣代缴的税费和公司应承担的交易手续费］
　贷：交易清算往来——客户（××营业部）［营业部通知公司总部清算部门，按照应向客户收取的佣金和公司应负担的交易费用的差额调整其交易往来中公司和客户资金的余额］
借：交易清算往来——客户（××营业部）
　贷：交易清算往来——公司（××营业部）
借：结算备付款——公司
　贷：结算备付款——客户
B. 营业部：
借：交易清算往来——客户［交易日买卖证券成交价的差额，减代扣代缴的税费和应向客户收取的佣金等手续费］
　贷：代买卖证券款

同时：
借：手续费支出——代买卖证券手续费支出［公司应负担的交易费用］
　交易清算往来——公司（××营业部）［公司应向客户收取的佣金和公司应负担的交易费用的差额］
　贷：手续费收入——代买卖证券手续费收入［应向客户收取的佣金等手续费］

（3）代理申购新股业务的核算

以投资者上网申购新股为例，具体程序如图 4-2 所示。

具体核算如下：

① 客户办理申购手续，在公司向证券交易所划付资金时，按划付价款，公司清算部门：

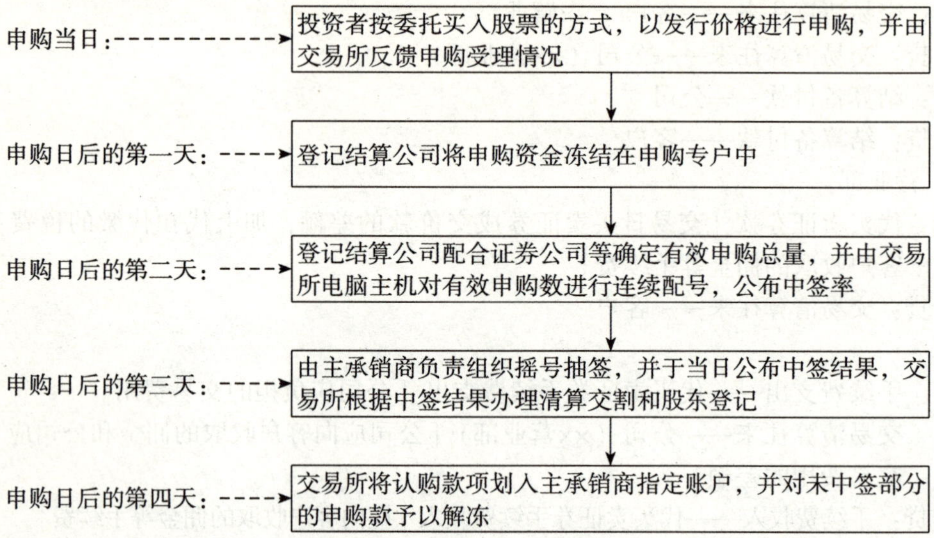

图 4-2　申购新股业务程序

借：交易清算往来——客户（各营业部）

　贷：结算备付金——客户

各营业机构：

借：代买卖证券款

　贷：交易清算往来——客户

②证券交易所完成中签认定工作，将未中签资金退给客户，公司清算部门：

借：结算备付金——客户

　贷：交易清算往来——客户（各营业部）

各营业机构：

借：交易清算往来——客户

　贷：代买卖证券款

（4）代理配股业务的核算

代理配股业务的一般程序如图 4-3 所示：

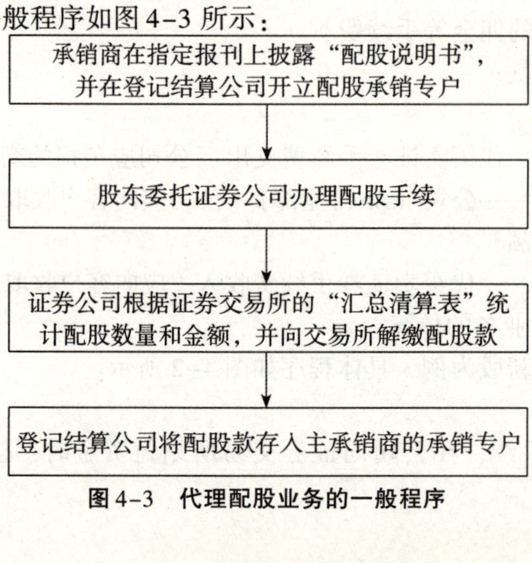

图 4-3　代理配股业务的一般程序

具体核算如下：

目前基本当日向证券交易所解交配股款，根据当日证交所的“汇总清算表”，公司清算部门：

借：交易清算往来——客户（各营业部）

　贷：结算备付金——客户

各营业机构：

借：代买卖证券款

　贷：交易清算往来——客户

（5）代理客户领取现金股利和利息的核算

①收到由证交所转来的现金股利和利息时，根据交易所的“汇总清算单”，公司清算部门：

借：结算备付金——客户

　贷：交易清算往来——客户（各营业部）

各营业机构：

借：交易清算往来——客户

　贷：代买卖证券款

②证券公司根据银行活期存款利率按季提取应付投资者利息时，其会计分录为：

借：利息支出

　贷：应付利息——应付客户资金利息

③公司按规定日期向客户结息时，其会计分录为：

借：应付利息——应付客户资金利息

　　利息支出（未计提部分）

　贷：代买卖证券款

　　　营业税金及附加——利息税

（6）债券代理业务的核算

债券代理业务一般可以分为债券的承销业务、债券代理买卖业务和债券的代兑付业务。其中前两项业务除交易的收费项目和费率有所差别外，其他程序和处理过程与股票的相关业务处理完全相同，其账务处理参照股票的相关处理办理。这里主要介绍债券的代兑付业务的核算。具体核算如下：

①证券公司收到委托代国家或企业兑付到期的无记名债券：

A. 收到委托单位预付的兑付资金时，其会计分录为：

借：银行存款——客户

　贷：代兑付债券款

B. 收到客户交来的实物券时，其会计分录为：

借：代兑付债券

　贷：银行存款——客户

C. 向委托单位交回已兑付的实物券时，其会计分录为：

借：代兑付债券款

　贷：代兑付债券

②接受委托代国家或企业兑付到期的记名债券：

A. 收到委托单位的兑付资金时，其会计分录为：

借：银行存款——客户

  贷：代兑付债券款

B. 兑付债券本息时，其会计分录为：

借：代兑付债券款

  贷：银行存款——客户

③如果委托单位尚未拨付兑付资金，由公司垫付：

A. 收到兑付债券时，按兑付金额记账，其会计分录为：

借：代兑付债券

  贷：银行存款——公司

B. 向委托单位交回已兑付的债券并收回垫付的资金时，其会计分录为；

借：银行存款——公司

  贷：代兑付债券

④公司收取的代兑付手续费收入：

A. 如向委托单位单独收取，按应收或已收的手续费记账，其会计分录为：

借：应收账款（或银行存款）

  贷：手续费收入——代兑付债券手续费收入

B. 如果手续费和兑付款一并汇入，其会计分录为：

借：银行存款

  贷：代兑付债券款

    应收账款——预收代兑付债券手续费收入

C. 兑付债券业务完成后，确认手续费收入，其会计分录为：

借：应收账款——预收代兑付债券手续费收入

  贷：手续费收入——代兑付债券手续费收入

（7）代理回购证券业务的核算

代理回购业务可与代理买卖业务视为相同的业务过程处理，其差别在于费用收取的比例不同，可根据交易清算数据中的税费汇总处理，此处不再赘述。

［实验内容］

1. 日鑫证券呼和浩特营业部根据总公司2013年6月1日发来的“二级成交统计表”（上交所）显示发生交易清算情况如下：

（1）买入证券成交总额为2 000万元，卖出证券成交总额为1 600万元，成交净额为400万元；

（2）投资者应支付印花税7.2万元；

（3）应支付的过户费为3.6万元；

（4）向证券公司支付交易佣金为10.8万元；

（5）证券公司应向交易所支付的其他交易费为 0.48 万元。

2. “二级成交统计表”（深交所）显示发生交易清算情况如下：

（1）买入证券成交总额为 982 017 元，卖出证券成交总额为 2 485 506 元，成交净额为 1 503 489 元；

（2）投资者应支付印花税 11 578.07 元；

（3）向证券公司支付交易佣金为 8 668.81 元；

（4）证券公司应向交易所支付的其他交易费为 1 144.46 元。

[实验材料]

二级成交统计表（见表 4-1）、记账凭证（见表 4-2 至表 4-5）。

表 4-1　　**二级成交统计表**

营业部：日鑫证券呼和浩特营业部　　日期：2013.06.01—2013.06.01　　币种：人民币　　单位：元

交易所	证券类别	买入金额	卖出金额	印花税	过户费	交易佣金	其他交易费
上海	A 股	20 000 000	16 000 000	72 000	36 000	108 000	4 800
深圳	A 股	982 017	2 485 506	11 578.07		8 668.81	1 144.46

表 4-2　　**记 账 凭 证**

年　月　日　　　　本币：人民币　单位：元

核算单位：[101] 日鑫证券呼和浩特营业部　　　　第　　号

摘　要	总账科目	明细科目	借方金额										贷方金额									
			千	百	十	万	千	百	十	元	角	分	千	百	十	万	千	百	十	元	角	分
合　计																						

附凭证　张

财务主管：　　记账：　　复核：　　出纳：　　制单：

表 4-3

记 账 凭 证

年 月 日 本币：人民币 单位：元

核算单位：[101] 日鑫证券呼和浩特营业部 第 号

摘 要	总账科目	明细科目	借方金额										贷方金额									
			千	百	十	万	千	百	十	元	角	分	千	百	十	万	千	百	十	元	角	分
合 计																						

附凭证 张

财务主管： 记账： 复核： 出纳： 制单：

表 4-4

记 账 凭 证

年 月 日 本币：人民币 单位：元

核算单位：[101] 日鑫证券呼和浩特营业部 第 号

摘 要	总账科目	明细科目	借方金额										贷方金额									
			千	百	十	万	千	百	十	元	角	分	千	百	十	万	千	百	十	元	角	分
合 计																						

附凭证 张

财务主管： 记账： 复核： 出纳： 制单：

表 4-5

记 账 凭 证

年 月 日 本币：人民币 单位：元

核算单位：[101] 日鑫证券呼和浩特营业部 第 号

摘 要	总账科目	明细科目	借方金额										贷方金额									
			千	百	十	万	千	百	十	元	角	分	千	百	十	万	千	百	十	元	角	分
合 计																						

附凭证 张

财务主管： 记账： 复核： 出纳： 制单：

[注意事项]

注意证券公司成交收支差额的计算。

实验二　信托业务

[实验目的和要求]

1. 实验目的

通过本实务操作使学生熟练掌握信托存贷款业务中信托资产取得、运用、退出、计息及收益分配的会计核算和操作过程，了解信托投资和财产信托的账务处理。基本达到能够独立完成信托存贷款业务凭证的填制及基本业务的账务处理。

2. 实验要求

（1）根据资料填制各类业务凭证；

（2）对信托业务进行账务处理，编写会计分录。

[关键知识点]

1. 信托业务的相关概念和有关规定

（1）信托业务概念

①信托。

信托是指委托人与受托人基于信任的基础上，委托人将其财产权委托给受托人，由受托人按委托人的意愿以自己的名义，为受益人的利益或者特定目的，进行管理或者处分的行为。信托是以资财为核心、以信任为基础、以委托为方式的财产管理制度。

②信托当事人。

信托当事人一般有三个，即委托人、受托人、受益人。委托人是提出信托要求者，也是信托资财的所有者，其为了一定的目的，将属于自己的资金财产授权受托人代为经营与管理；受托人是接受委托人的委托，并按照委托人的指示对信托资财进行管理和处理的人；受益人是享受信托资财利益的一方，由委托人指定，既可以是第三方也可以是委托人自己，但不可以是受托人。

（2）信托业务的分类（见表4-6）

表4-6　**信托业务的分类**

分类项目	类别	
信托资产来源	短期信托资产来源	应付信托账款、代扣代缴税金、待分配信托收益、应付受托人收益、应付其他受益人款项等
	长期信托资产来源	资金信托、财产信托、财产权信托、公益信托、投资基金信托、有价证券信托等

续表

分类项目	类别	
信托资产运用	短期信托资产运用	信托货币资金、拆出信托资金、短期信托贷款、短期信托投资、信托财产等
	长期信托资产运用	长期信托贷款、长期信托投资、信托租赁财产等

（3）信托业务的特点

● 信托资产不属于信托公司资产

信托资产是信托投资公司因接受信托而取得的财产以及因信托资产的管理、处分或者其他情形而取得的财产。因此，信托公司在进行会计核算时，不能将信托存款视为公司的负债，发放的信托贷款视为信托公司的资产，即不能将其视为公司资产和负债处理

● 信托资产与自有资产分开管理和分别核算

只有这样，才能促使信托公司加强管理和核算，才能使委托人的权益得到充分的保障

2. 信托业务的操作流程

信托业务操作流程如图 4-4 所示：

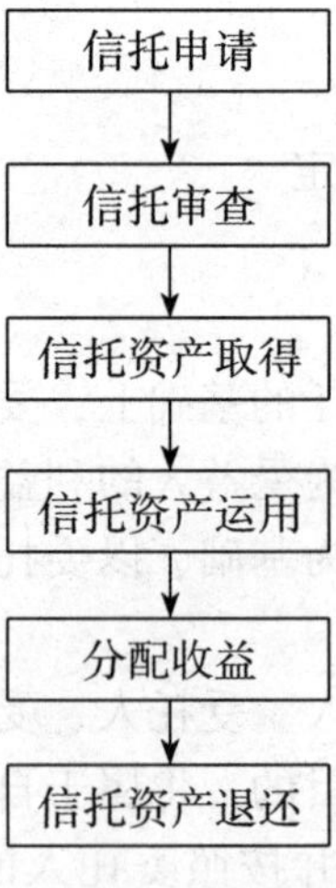

图 4-4　信托业务操作流程

3. 信托业务的核算

（1）信托存贷款业务

①信托存款核算。

其核算分为三个阶段：

A. 取得信托存款。

委托人要求存入信托资金时，首先由信托机构审查其资金来源，确认符合有关规定后，双方商定办理委托业务，签订“资金信托合同”，然后交由信托机构会计部门办理。会计部门应：

第一步：审查相关资料。

受理一式四份“资金信托合同”时，应认真审查：

- 审批意见
- 内容的填写是否正确完整
- 大小写金额是否一致
- 印鉴是否相符

第二步：审查无误后，根据合同为委托人开立专用存款账户，将存款由委托人在银行的存款账户划转到信托机构银行账户上。

第三步：收到银行进账单（收账通知）后，向委托人开出收据。

第四步：作账务处理，填制收款凭证，并按实际收到的金额入账。其会计分录为：

借：银行存款

　贷：实收信托——××单位户

B. 信托存款计息。

存款在未发放贷款和进行信托投资前，信托公司应向委托人计付利息，发放贷款和进行委托投资后，不再计付利息。信托存款从信托机构开出存单起息，由于其为定期存款，因此利息应在存款期满后利随本清。但在存期内应根据权责发生制原则定期计算信托存款利息。其会计分录为：

借：应收利息

　贷：利息收入

当月月末结转本年利润，填制转账凭证。其会计分录为：

借：利息收入

　贷：本年利润

同时：

借：本年利润

　贷：利润分配

若按合同规定向受益人分配信托利润，同时计算应付利息。其会计分录为：

借：利润分配

　贷：应付受益人收益

实际支付时，开出付款凭证。其会计分录为：

借：应付受益人收益

　贷：银行存款

C. 信托存款到期支取。

信托资金到期，客户持存单向信托机构提取存款。信托机构找出卡片账与存单核对无误后，将本息一并支付，划转到委托人在银行的存款账户上。其会计分录为：

借：实收信托——××单位户

　　应付利息——应付××利息户

　　利息支出——信托存款利息支出户

　贷：银行存款

②信托贷款核算。

信托贷款是信托公司按照委托人的要求将信托资金用于发放信托贷款。其核算分为三个阶段：

A. 发放信托贷款。

信托贷款的发放程序为：借款单位提出申请——信托机构进行审查——与借款单位签订借款合同，并由借款人填写借款借据提交信托机构办理贷款发放手续。会计人员应：

第一步：将资金转入借款单位在银行开立的存款账户中。

第二步：作会计分录。

借：客户贷款—— ××借款单位户

　贷：银行存款

B. 收取手续费、结息及收益分配。

信托存贷款业务分为指定管理方式和代定管理方式两种，二者核算的主要区别在于手续费的收取方式不同。

a. 指定管理方式是信托机构吸收的，委托人所存入的，用于发放给指定受益人、项目、用途的资金。其属于贷款基金性质的存款，为相应委托贷款的保证金。由委托人直接承担的受托人报酬，如手续费，应按相关合同直接计入受托人手续费收入，不与信托项目发生往来。其会计分录为：

借：银行存款

　贷：手续费收入

信托贷款的利息按合同规定的时间计息、收取，采用计息余额表计算积数后计算利息。如其利息从借款人在银行的账户上收取，借款人无款支付或不足支付的，其不足支付部分作为应收利息处理。其会计分录为：

借：银行存款

　　应收利息

　贷：利息收入

b. 代定管理方式是指委托人将资金存入信托机构后，对其使用不作具体要求，只提出原则性的使用方向，而信托人可以自主地代为营运。委托机构要提出最低收益率的要求，信托机构的收益为信托贷款的利息，信托机构承担经营风险。

信托贷款的利息按季收取，采用计息余额表计算积数后计算利息。其利息从借款人在银行的账户上收取，借款人无款支付或不足支付的，其不足支付部分作为应收利息处理。其会计分录为：

借：银行存款

　　应收利息——应收××利息户

　贷：利息收入——××利息收入户

同时，按合同规定计提信托公司报酬，包括手续费收入、服务佣金等。其会计分录为：

借：业务及管理费——受托人报酬

　贷：应付受托人报酬

月末，将收入和费用结转到本年利润账户，填制转账凭证。其会计分录为：

借：利息收入

　贷：本年利润

借：本年利润

　贷：业务及管理费——受托人报酬

借：本年利润

　贷：利润分配

向受益人分配信托利润时：

借：利润分配

　贷：应付受益人收益

实际支付时，填制付款凭证：

借：应付受益人收益

　贷：银行存款

C. 到期收回贷款。

第一步：办理贷款本金收回手续。由借款人签发支票或还款凭证。

第二步：根据银行进账单作会计分录。

借：银行存款

　贷：客户贷款——××借款单位户

（2）信托投资业务

信托投资的核算一般包括短期投资核算、长期投资核算，其中长期投资核算又分为长期股权投资和长期债权投资的核算，其核算方法与其他企业的投资核算方法基本相同，以短期投资的核算为例：

①取得的核算。

短期投资在取得时，应按取得时的投资成本入账。投资成本是指取得各种股票、债券、基金等资产时实际支付的价款。

购入的各种股票、债券、基金等，实际支付的价款中包含已宣告但尚未领取的现金股利或已到付息期但尚未领取的债券利息，应单独核算，不构成投资成本。

委托人以有价证券设立信托而取得的短期投资，按信托文件约定的价值，作为短期投资成本。

购入时，填制付款凭证。其会计分录为：

借：短期投资——××股票（或债券、基金）［投资成本］

　　应收股利［已宣告发放但尚未领取的现金股利］

　　（或应收利息）［已到期但尚未领取的债券利息］

　贷：银行存款［实际支付的价款］

②转让的核算。

借：银行存款

　　短期投资跌价准备

　　投资收益［产生净损失］

　贷：短期投资［账面价值］

　　　应收利息（或应收股利）

　　　投资收益［实现收益时］

③到期收回的核算。

借：银行存款

　　短期投资跌价准备

贷：短期投资

应收利息（或应收股利）

投资收益

④短期投资跌价准备的核算。

期末，如果短期投资的市价低于成本。其会计分录为：

借：投资收益——计提短期投资跌价准备

贷：短期投资跌价准备

已计提的跌价准备的短期投资市价又得以恢复，转回跌价准备的会计分录为：

借：短期投资跌价准备

贷：投资收益——计提短期投资跌价准备

（3）财产信托

财产信托是委托人将资金和动产、房产、地产以及版权、知识产权等财产、财产权委托信托投资公司按照约定的条件和目的进行管理、运用和处置。以固定资产为例，其核算分为三个阶段：

①收到信托财产时。委托人以固定资产为标的设立信托而转入的固定资产，按信托文件约定的价值加上应支付的相关税费入账。其会计分录为：

借：固定资产

贷：实收信托

②终止财产信托时。从相反方向结转。其会计分录为：

借：实收信托

贷：固定资产

③如果信托公司要向委托人支付信托收益，则其会计分录为：

借：应付受益人收益

贷：库存现金（或银行存款）

其信托财产的运用，如出售、租赁、投资等账务处理，同一般企业账务处理。

[实验内容]

诚信信托投资有限公司于2013年3月31日发生下列业务：

（1）大天公司委托诚信信托投资有限公司于2013年3月31日向杨子公司发放信托贷款200万元。

（2）按合同规定，月息0.6%，贷款期限6个月，采用季末计息，贷款到期时一次还本付息方式。

（3）该贷款到期及时收回本息。

要求：根据上述资料，作出诚信信托投资有限公司信托存款取得、贷款发放、计息和期满收回的账务处理。

[实验材料]

银行进账单（见表 4-7、表 4-13）、收据（见表 4-8）、记账凭证（见表 4-9、表 4-11、表 4-12、表 4-14）、电汇凭证（见表 4-10）。

表 4-7

中国××银行 进账单（收账通知）　3

年　月　日

出票人	全　称		收款人	全　称								
	账　号			账　号								
	开户银行			开户银行								
金额	人民币（大写）		千	百	十	万	千	百	十	元	角	分
票据种类		票据张数										
票据号码												
复核　记账			收款人开户行签章									

此联是收款人开户银行交给收款人的收账通知

表 4-8

收　据

年　月　日　　　　第　号

今收到					
人民币（大写）：				¥	
事由：			现金		
			支票第　　号		
收款单位		财务主管		收款人	

第二联　记账凭证

表 4-9

记 账 凭 证

年　月　日　　　　本币：人民币　单位：元

核算单位：　　　　第　号

摘　要	总账科目	明细科目	借方金额										贷方金额									
			千	百	十	万	千	百	十	元	角	分	千	百	十	万	千	百	十	元	角	分
合　计																						

附凭证　张

财务主管：　　记账：　　复核：　　出纳：　　制单：

表4-10

中国××银行电汇凭证（回单） 1

委托日期　　年　月　日　　　　　　第　　号

汇款人	全称				收款人	全称			
	账号或住址					账号或住址			
	汇出地点	省　市县	汇出行名称			汇入地点	省　市县	汇入行名称	

金额	人民币（大写）	千	百	十	万	千	百	十	元	角	分

汇款用途：	汇出行签章
单位主管　会计　复核　记账	年　月　日

此联是汇出行给汇款人的回单

表4-11

记账凭证

年　月　日　　　　本币：人民币　单位：元

核算单位：　　　　第　　号

摘要	总账科目	明细科目	借方金额										贷方金额									
			千	百	十	万	千	百	十	元	角	分	千	百	十	万	千	百	十	元	角	分
合计																						

附凭证　张

财务主管：　记账：　复核：　出纳：　制单：

表4-12

记账凭证

年　月　日　　　　本币：人民币　单位：元

核算单位：　　　　第　　号

摘要	总账科目	明细科目	借方金额										贷方金额									
			千	百	十	万	千	百	十	元	角	分	千	百	十	万	千	百	十	元	角	分
合计																						

附凭证　张

财务主管：　记账：　复核：　出纳：　制单：

表 4-13

中国××银行 **进账单**（收账通知）　**3**

年　月　日

出票人	全　称		收款人	全　称									
	账　号			账　号									
	开户银行			开户银行									
金额	人民币（大写）		千	百	十	万	千	百	十	元	角	分	
票据种类		票据张数											
票据号码													
复核　记账			收款人开户行签章										

此联是收款人开户银行交给收款人的收账通知

表 4-14

记 账 凭 证

年　月　日　　　　本币：人民币　单位：元

核算单位：　　　　第　号

摘　要	总账科目	明细科目	借方金额										贷方金额									
			千	百	十	万	千	百	十	元	角	分	千	百	十	万	千	百	十	元	角	分
合　计																						

附凭证　张

财务主管：　　记账：　　复核：　　出纳：　　制单：

[注意事项]

注意利息的计算方式。

实验三　租赁业务

[实验目的和要求]

1. 实验目的

通过本实务操作使学生熟练掌握租金的计算方法和经营租赁的会计核算和操作过程，基本达到能够独立完成经营租赁业务中凭证的填制及基本业务的账务处理的目的。

2. 实验要求

(1) 根据资料填制各类业务凭证；

(2) 对租赁业务进行处理，编写会计分录。

[关键知识点]

1. 租赁业务的定义和特征

(1) 定义

租赁是指在约定的时期内，出租人将资产使用权让与承租人，以获取租金的协议。

(2) 特征

租赁业务的特征包括：

① 融资与融物相结合。

② 租赁资产所有权与使用权分离。

③ 租赁是以分期支付租金的形式陆续偿还购置租赁物品的价款及相应利息。

④ 为了保障出租人与承租人双方的利益，在合同有效期内，任何一方不得中途解约。

2. 租赁业务的操作程序

租赁业务一般包括三个关系人：供货方、出租方和承租方。其业务的处理程序如图4-5所示。

3. 租金的计算

(1) 租金的构成

租金是承租人为取得经营资金或资产的使用权而向出租人支付的价值补偿。租金一般有以下几个构成要素：

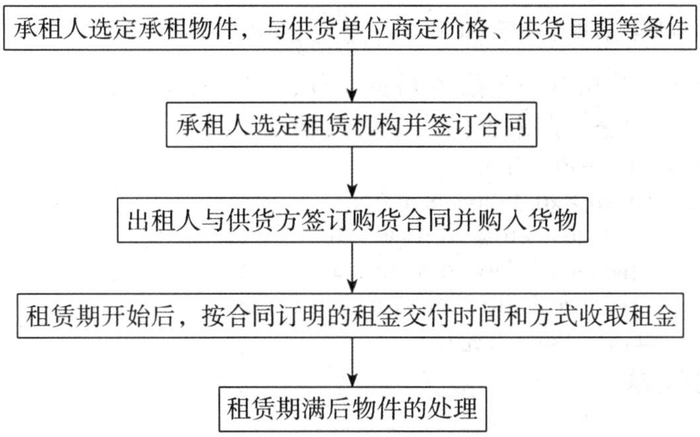

图 4-5　租赁业务操作流程图

- 租赁设备的总成本（包括运费、保险费等）
- 市场利润的高低，它决定了整个租赁期内所发生的利息费用
- 租赁期限
- 租金的支付方式
- 租金支付间隔期

(2) 租金的支付方式

由于货币具有时间价值，因此采用什么方式来支付租金特别重要。从实际情况看，支付租金的方式有三种：

- 期初付租方式，即承租人在各付租间隔期的期初支付租金，然后使用设备。在期初付租的情况下，第一期租金在起租日即需要支付
- 期末付租方式，即承租人在每一次付租期先使用设备，在付租间隔期末再支付租金。这种方法使租金的支付向后推迟了整整一个间隔期，为资金紧张的承租企业提供了方便
- 有付租宽缓期的期末付租方式，承租人引进设备从安装调试到正式投产，需要一定的时间，在此期间，承租人资金紧张。根据这种情况，租赁公司在合同中同意承租人从起租日起，确定一个期限（如一个季度或半年）作为宽缓期，宽缓期内，承租人可以暂不付租

(3) 租金的计算方法

租金的计算方法很多，常用的方法有附加率法和年金法两种。年金法又分定额年金法和变额年金法。变额年金法又分为等差递增变额年金法、等差递减变额年金法、等比递增变额年金法、等比递减变额年金法。

目前我国开展的租赁业务大多是融资租赁，各租赁公司参照国际惯例，并结合我国具体情况，采用了适合于自己的计算方法。概括起来主要有以下三种：

①递减式计算方法。

该方法为按每期平均支付本金的方法。计算公式为：

$$每期应付租金=各期租赁本金余额\times年利率\times\frac{租期}{付租次数}+各期应还本金数$$

［例 4-1］某租赁公司有一笔融资租赁业务，租赁设备的成本为 160 万元，租期为 2 年，每半年支付一次租金，期末支付，年利率 10%。

各期应还付本金＝160÷4＝40（万元）

第一期应付租金＝160×10%×0.5+40＝48（万元）

第二期应付租金＝（160-40）×10%×0.5+40＝46（万元）

第三期应付租金＝（160-80）×10%×0.5+40＝44（万元）

第四期应付租金＝（160-120）×10%×0.5+40＝42（万元）

租金总额＝48+46+44+42＝180（万元）

②加数式计算方法。

计算公式为：

$$每期应付租金=\frac{租赁设备购置原价+应付融资利息}{支付租金的次数}$$

［例 4-2］某租赁公司有一笔融资租赁业务，租赁设备的成本为 160 万元，租期 4 年，每半年支付一次，期末支付，年利率 10%。

应付的融资利息＝160×10%×4＝64（万元）

租金总额＝160+64＝224（万元）

每期应付租金＝（160+64）÷8＝28（万元）

③平均分摊计算方法。

计算公式为：

$$每期应付租金=\frac{租赁设备购置原价-预计残值+应付融资利息+手续费}{支付租金的次数}$$

［例 4-3］某租赁公司有一笔融资租赁业务，租赁设备的成本为 160 万元，租期 4 年，每半年支付一次，设备进口的手续费率为 3%，估计设备残值为 10 万元，年利率 10%。

应付的融资利息＝160×4×10%＝64（万元）

支付手续费＝160×3%＝4.8（万元）

每期应付租金＝［（160-10）+64+4.8］÷8＝27.35（万元）

租金总额＝27.35×8＝218.8（万元）

4. 经营租赁业务的核算

出租人（租赁公司）租赁业务的核算包括经营租赁业务的核算和融资租赁业务的核算，本实验主要进行经营租赁业务的核算。

租赁公司经营租赁业务的核算程序为：

（1）购入租赁资产

出租人（租赁公司）与供货方签订购货合同并购入租赁资产，会计部门应根据发票和相关税费单据进行处理。

第一步：审查。

受理时，应认真审查：

- 反映内容是否完整
- 项目是否齐全
- 大小写金额是否一致
- 手续是否完备

第二步：以发票和税费单据为原始凭证作付款凭证。取得资产应按其成本（包括买价、运费、保险费等）入账。其会计分录为：

借：经营租赁资产——未出租户

　贷：银行存款

（2）租出租赁资产

经营性的租赁资产一般是成批购入，分次租出，每次租出的租赁资产与购入的资产不会是等值的，因此对出租人来说，会形成一定的资产库存。当租出租赁资产时，按租出资产的成本转账。其会计分录为：

借：经营租赁资产——已出租户

　贷：经营租赁资产——未出租户

（3）租赁资产计提折旧

借：业务及管理费

　贷：经营租赁资产折旧

注意：

- 租赁机构对经营性租赁资产应按期计提折旧，并与经营用固定资产分别计提
- 经营租赁资产的折旧，应根据核定的折旧率和期初已出租的资产账面原值按期计算，本期内出租的资产，当期不提折旧；本期内收回的出租资产，当期照提折旧
- 公司经营租赁的资产折旧足额后，不管能否继续使用，不再提折旧；提前报废的经营租赁资产，也不再补提折旧

（4）收取租金的核算

租赁期开始后，按合同订明的租金交付时间和方式收取租金。在一般情况下，对于经营租赁的租金，出租人应当在租赁期内各个期间按照直线法确认为当期损益。

借：银行存款（或库存现金）

　贷：主营业务收入——经营租赁收入

[例4-4] 2014年1月1日，甲公司从租赁公司租入全新办公用房一套，租期为3年。办公用房原账面价值为30 000 000元，预计使用年限为25年。租赁合同规定，租赁开始日甲公司向租赁公司一次性预付租金1 200 000元，第一年年末支付租金100 000元，第二年年末支付租金100 000元，第三年年末支付租金250 000元。租赁期满后预付租金不退回，租赁公司收回办公用房使用权。

出租人（租赁公司）的会计处理：

第一步：分析该项租赁不符合融资租赁的任何一条标准，应作为经营租赁处理。

第二步：确认租金收入时，不能依据各期实际收到租金的金额确定，而应采用直线法平均分配确认各期的租金收入。此项租赁租金总额为1 650 000元，按直线法计算，每年应确认的租金收入为550 000元。

其会计分录为：

2014年1月1日：

借：银行存款	1 200 000	
贷：其他应收款		1 200 000

2014 年 12 月 31 日：

借：银行存款　　100 000

　　其他应收款　　450 000

　贷：主营业务收入——经营租赁收入　　550 000

2015 年 12 月 31 日：

借：银行存款　　100 000

　　其他应收款　　450 000

　贷：主营业务收入——经营租赁收入　　550 000

2016 年 12 月 31 日：

借：银行存款　　250 000

　　其他应收款　　300 000

　贷：主营业务收入——经营租赁收入　　550 000

（5）收回租赁资产的核算

租赁期满，出租人收回租赁资产，经验收完好无损后作账务处理：

借：经营租赁资产——未出租

　贷：经营租赁资产——已出租

[实验内容]

练习 1：

目的：练习租金的计算方法。

资料：2013 年 12 月 28 日，杨子有限公司与西部开发租赁公司签订了一份租赁合同，合同主要条款如下：

（1）租赁标的物：程控生产线。

（2）起租日：租赁货物运抵扬子有限公司生产车间之日，即 2014 年 1 月 1 日。

（3）租赁期：从起租日算起 36 个月，即 2014 年 1 月 1 日——2016 年 12 月 31 日。

（4）租金支付方式：自起租日起每年年末支付租金一次。

（5）该生产线在 2014 年 1 月 1 日西部开发租赁公司的账面价值为 260 万元。

（6）租赁合同规定的利率为 8%（年利率）。

（7）该生产线为全新设备，估计使用年限为 5 年。

要求：根据以上资料，采用加数式计算方法、递减式计算方法和平均分摊计算方法，分别计算西部开发租赁公司每期应收租金。

练习 2：

西部开发租赁公司发生如下业务：

（1）2013 年 12 月 30 日，西部开发租赁公司购入程控交换机一台，设备价值为 23.4 万元，预计使用年限为 10 年。

（2）2014 年 1 月 1 日向阳针织有限公司向西部开发租赁公司租入该办公设备，租期 3 年。租赁合同规定，租赁开始日（2014 年 1 月 1 日）向阳针织有限公司向西部开发租赁公司一次性支付租金 5 万元，第一年年末支付租金 3.5 万元，第二年年末支付租金 4 万元，第三年年末支付租金 4 万元。

（3）租赁期届满后，西部开发租赁公司收回设备，三年的租金总额 16.5 万元。

要求：根据以上资料，作出西部开发租赁公司相关账务处理。

[实验材料]

发票（见表 4-15）、转账支票（见表 4-16）、进账单（见表 4-19、表 4-21、表 4-23、表 4-25）、记账凭证（见表 4-17、表 4-18、表 4-20、表 4-22、表 4-24、表 4-26、表 4-27）。

表 4-15

增值税专用发票

发 票 联

开票日期：　　年　月　日　　　　No.

收款人：

<table>
<tr><td rowspan="2">购货单位</td><td>名称</td><td colspan="4"></td><td colspan="9">纳税人登记号</td><td colspan="10"></td></tr>
<tr><td>地址、电话</td><td colspan="4"></td><td colspan="9">开户银行及账号</td><td colspan="10"></td></tr>
<tr><td colspan="3" rowspan="2"></td><td rowspan="2">计量单位</td><td rowspan="2">数量</td><td rowspan="2">单价</td><td colspan="9">金额</td><td rowspan="2">（税率）%</td><td colspan="9">税额</td></tr>
<tr><td>百</td><td>十</td><td>万</td><td>千</td><td>百</td><td>十</td><td>元</td><td>角</td><td>分</td><td>百</td><td>十</td><td>万</td><td>千</td><td>百</td><td>十</td><td>元</td><td>角</td><td>分</td></tr>
<tr><td colspan="3"></td><td></td><td></td><td></td><td></td><td></td><td></td><td></td><td></td><td></td><td></td><td></td><td></td><td></td><td></td><td></td><td></td><td></td><td></td><td></td><td></td><td></td><td></td></tr>
<tr><td colspan="3"></td><td></td><td></td><td></td><td></td><td></td><td></td><td></td><td></td><td></td><td></td><td></td><td></td><td></td><td></td><td></td><td></td><td></td><td></td><td></td><td></td><td></td><td></td></tr>
<tr><td colspan="3"></td><td></td><td></td><td></td><td></td><td></td><td></td><td></td><td></td><td></td><td></td><td></td><td></td><td></td><td></td><td></td><td></td><td></td><td></td><td></td><td></td><td></td><td></td></tr>
<tr><td colspan="3">合计</td><td></td><td></td><td></td><td></td><td></td><td></td><td></td><td></td><td></td><td></td><td></td><td></td><td></td><td></td><td></td><td></td><td></td><td></td><td></td><td></td><td></td><td></td></tr>
<tr><td colspan="3">价税合计（大写）</td><td colspan="22"></td></tr>
<tr><td rowspan="2">销货单位</td><td>名称</td><td colspan="4"></td><td colspan="9">纳税人登记号</td><td colspan="10"></td></tr>
<tr><td>地址、电话</td><td colspan="4"></td><td colspan="9">开户银行及账号</td><td colspan="10"></td></tr>
</table>

第二联 发票联 购货方记账凭证

表 4-16

中国××银行　转账支票

本支票付款期限十天

出票日期（大写）　　年　月　日　　付款行名称：

收款人：　　出票人账号：

<table>
<tr><td rowspan="2">人民币
（大写）</td><td>千</td><td>百</td><td>十</td><td>万</td><td>千</td><td>百</td><td>十</td><td>元</td><td>角</td><td>分</td></tr>
<tr><td></td><td></td><td></td><td></td><td></td><td></td><td></td><td></td><td></td><td></td></tr>
</table>

用途：__________

上列款项请从　　科目（借）：__________

我账户内支付　　对方科目（贷）：__________

出票人签章：　　转账日期：　年　月　日

复核：　　记账：

须填密码

表 4-17

记账凭证

本币：人民币　单位：元

核算单位：　　　　　　年　月　日　　　　　　第　号

摘要	总账科目	明细科目	借方金额										贷方金额									
			千	百	十	万	千	百	十	元	角	分	千	百	十	万	千	百	十	元	角	分
合计																						

附凭证　张

财务主管：　　记账：　　复核：　　出纳：　　制单：

表 4-18

记账凭证

本币：人民币　单位：元

核算单位：　　　　　　年　月　日　　　　　　第　号

摘要	总账科目	明细科目	借方金额										贷方金额									
			千	百	十	万	千	百	十	元	角	分	千	百	十	万	千	百	十	元	角	分
合计																						

附凭证　张

财务主管：　　记账：　　复核：　　出纳：　　制单：

表 4-19

中国××银行 进账单（收账通知）　**3**

年　月　日

出票人	全称		收款人	全称									
	账号			账号									
	开户银行			开户银行									
金额	人民币（大写）		千	百	十	万	千	百	十	元	角	分	
票据种类		票据张数											
票据号码													
复核　记账			收款人开户行签章										

此联是收款人开户银行交给收款人的收账通知

表 4-20

记账凭证

核算单位：　　　　　　年　月　日　　　　　　本币：人民币　单位：元　第　号

摘　要	总账科目	明细科目	借方金额										贷方金额									
			千	百	十	万	千	百	十	元	角	分	千	百	十	万	千	百	十	元	角	分
合　计																						

附凭证　张

财务主管：　记账：　复核：　出纳：　制单：

表 4-21

中国××银行 进账单（收账通知） 3

年　月　日

出票人	全　称		收款人	全　称										
	账　号			账　号										
	开户银行			开户银行										
金额	人民币（大写）		千	百	十	万	千	百	十	元	角	分		
票据种类		票据张数												
票据号码														
复核　记账			收款人开户行签章											

此联是收款人开户银行交给收款人的收账通知

表 4-22

记账凭证

核算单位：　　　　　　年　月　日　　　　　　本币：人民币　单位：元　第　号

摘　要	总账科目	明细科目	借方金额										贷方金额									
			千	百	十	万	千	百	十	元	角	分	千	百	十	万	千	百	十	元	角	分
合　计																						

附凭证　张

财务主管：　记账：　复核：　出纳：　制单：

表 4-23

中国××银行 **进账单**（收账通知） **3**

年　月　日

<table>
<tr><td rowspan="3">出票人</td><td>全　　称</td><td colspan="3"></td><td rowspan="3">收款人</td><td colspan="2">全　　称</td><td colspan="8"></td></tr>
<tr><td>账　　号</td><td colspan="3"></td><td colspan="2">账　　号</td><td colspan="8"></td></tr>
<tr><td>开户银行</td><td colspan="3"></td><td colspan="2">开户银行</td><td colspan="8"></td></tr>
<tr><td rowspan="2">金额</td><td colspan="4" rowspan="2">人民币（大写）</td><td>千</td><td>百</td><td>十</td><td>万</td><td>千</td><td>百</td><td>十</td><td>元</td><td>角</td><td>分</td></tr>
<tr><td></td><td></td><td></td><td></td><td></td><td></td><td></td><td></td><td></td><td></td></tr>
<tr><td colspan="2">票据种类</td><td></td><td>票据张数</td><td></td><td colspan="10" rowspan="3">收款人开户行签章</td></tr>
<tr><td colspan="2">票据号码</td><td colspan="3"></td></tr>
<tr><td colspan="5">复核　　记账</td></tr>
</table>

此联是收款人开户银行交给收款人的收账通知

表 4-24

记 账 凭 证

本币：人民币　单位：元

核算单位：　　年　月　日　　第　号

<table>
<tr><td rowspan="2">摘　要</td><td rowspan="2">总账科目</td><td rowspan="2">明细科目</td><td colspan="10">借方金额</td><td colspan="10">贷方金额</td></tr>
<tr><td>千</td><td>百</td><td>十</td><td>万</td><td>千</td><td>百</td><td>十</td><td>元</td><td>角</td><td>分</td><td>千</td><td>百</td><td>十</td><td>万</td><td>千</td><td>百</td><td>十</td><td>元</td><td>角</td><td>分</td></tr>
<tr><td></td><td></td><td></td><td></td><td></td><td></td><td></td><td></td><td></td><td></td><td></td><td></td><td></td><td></td><td></td><td></td><td></td><td></td><td></td><td></td><td></td><td></td><td></td></tr>
<tr><td></td><td></td><td></td><td></td><td></td><td></td><td></td><td></td><td></td><td></td><td></td><td></td><td></td><td></td><td></td><td></td><td></td><td></td><td></td><td></td><td></td><td></td><td></td></tr>
<tr><td></td><td></td><td></td><td></td><td></td><td></td><td></td><td></td><td></td><td></td><td></td><td></td><td></td><td></td><td></td><td></td><td></td><td></td><td></td><td></td><td></td><td></td><td></td></tr>
<tr><td></td><td></td><td></td><td></td><td></td><td></td><td></td><td></td><td></td><td></td><td></td><td></td><td></td><td></td><td></td><td></td><td></td><td></td><td></td><td></td><td></td><td></td><td></td></tr>
<tr><td colspan="3">合　计</td><td></td><td></td><td></td><td></td><td></td><td></td><td></td><td></td><td></td><td></td><td></td><td></td><td></td><td></td><td></td><td></td><td></td><td></td><td></td><td></td></tr>
</table>

附凭证　张

财务主管：　记账：　复核：　出纳：　制单：

表 4-25

中国××银行 **进账单**（收账通知） **3**

年　月　日

<table>
<tr><td rowspan="3">出票人</td><td>全　　称</td><td colspan="3"></td><td rowspan="3">收款人</td><td colspan="2">全　　称</td><td colspan="8"></td></tr>
<tr><td>账　　号</td><td colspan="3"></td><td colspan="2">账　　号</td><td colspan="8"></td></tr>
<tr><td>开户银行</td><td colspan="3"></td><td colspan="2">开户银行</td><td colspan="8"></td></tr>
<tr><td rowspan="2">金额</td><td colspan="4" rowspan="2">人民币（大写）</td><td>千</td><td>百</td><td>十</td><td>万</td><td>千</td><td>百</td><td>十</td><td>元</td><td>角</td><td>分</td></tr>
<tr><td></td><td></td><td></td><td></td><td></td><td></td><td></td><td></td><td></td><td></td></tr>
<tr><td colspan="2">票据种类</td><td></td><td>票据张数</td><td></td><td colspan="10" rowspan="3">收款人开户行签章</td></tr>
<tr><td colspan="2">票据号码</td><td colspan="3"></td></tr>
<tr><td colspan="5">复核　　记账</td></tr>
</table>

此联是收款人开户银行交给收款人的收账通知

表 4-26

记账凭证

本币：人民币　单位：元

核算单位：　　　　年　月　日　　　　第　号

摘　要	总账科目	明细科目	借方金额										贷方金额									
			千	百	十	万	千	百	十	元	角	分	千	百	十	万	千	百	十	元	角	分
合　计																						

附凭证　张

财务主管：　　记账：　　复核：　　出纳：　　制单：

表 4-27

记账凭证

本币：人民币　单位：元

核算单位：　　　　年　月　日　　　　第　号

摘　要	总账科目	明细科目	借方金额										贷方金额									
			千	百	十	万	千	百	十	元	角	分	千	百	十	万	千	百	十	元	角	分
合　计																						

附凭证　张

财务主管：　　记账：　　复核：　　出纳：　　制单：

[注意事项]

注意租金的不同计算方式。

主要参考文献

[1] 中华人民共和国财政部会计司．保险公司会计制度讲解［M］．北京：经济科学出版社，2000.

[2] 中国人民银行支付结算管理办公室．支付结算制度汇编［M］．北京：新华出版社，2002.

[3] 中华人民共和国财政部．中华人民共和国会计法［M］．北京：中国法制出版社，2005.

[4] 中华人民共和国财政部．企业会计准则 2006［M］．北京：经济科学出版社，2006.

[5] 中华人民共和国财政部．企业会计准则——应用指南 2006［M］．北京：中国财政经济出版社，2006.

[6] 韩俊梅，吕德勇．商业银行会计学［M］．北京：中国金融出版社，2007.

[7] 程婵娟．银行会计学［M］．北京：科学出版社，2008.

[8] 温红梅．银行会计［M］．大连：东北财经大学出版社，2010.

[9] 王晓枫．金融企业会计［M］．大连：东北财经大学出版社，2013.